FÉLIX ORT...

AUTOGESTIÓN EN EL LIDERAZGO

EL ARTE DE SER TU MEJOR LÍDER

e625 - 2023
Dallas, Texas
e625 ©2023 por Félix Ortiz

Todas las citas bíblicas son de la Nueva Biblia Viva (NBV)
a menos que se indique lo contrario.

Editado por: **Stefany Bremer**
Diseño interior y portada: **Bárbara Soriano**

ISBN 978-1-954149-43-4

IMPRESO EN ESTADOS UNIDOS

A SARA, MI ESPOSA Y COMPAÑERA
EN EL VIAJE DE LA VIDA POR MÁS DE CUATRO DÉCADAS.

CONTENIDO

PRIMERA PARTE

CAPÍTULO 1

LIDERAZGO PERSONAL, LIDERARSE A UNO MISMO

> **"ES MEJOR SER PACIENTE QUE PODEROSO; MEJOR ES DOMINARSE A SÍ MISMO QUE CONQUISTAR UNA CIUDAD".**
> **– LIBRO DE PROVERBIOS, LA BIBLIA**

Al hablar de liderazgo, es importante tener modelos que nos ayuden a comprenderlo. Un modelo es simplemente una manera de acercarnos al estudio de realidades complejas. El liderazgo lo es porque es ejercido por seres humanos y estos, por definición, son complejos. Todos los modelos, por naturaleza, son limitados en su alcance. El liderazgo es demasiado complejo como para que haya un solo modelo que pueda abarcarlo en su totalidad. No importa que sea el último de moda, o el más famoso; todos, sin excepción, tienen sus limitaciones, y ninguno puede aspirar a darnos una visión total del liderazgo. Sin embargo, con todas sus limitaciones, los modelos son totalmente necesarios para poder estudiar el liderazgo y acercarnos a su complejidad, y nos ayudan a poder lidiar con ella y manejarla de forma práctica.

LAS CUATRO DIMENSIONES DEL LIDERAZGO

La ilustración que verás a continuación representa mi modelo de liderazgo. Obsérvala. Ahora te explicaré cada una de esas cuatro dimensiones.

La primera de las dimensiones es el **liderazgo operativo**. Este tiene que ver fundamentalmente con el día a día de una iglesia u organización. También de la vida personal. Vamos implementando y llevando a cabo todo aquello que se nos va presentando por delante. Ejecutamos las acciones que son requeridas por la cotidianeidad. Es ante todo un liderazgo reactivo, sin que esta palabra tenga ninguna connotación negativa. Simplemente significa que vamos actuando en función de lo que se va planteando. Pensemos, por ejemplo, en la cantidad de actividades y acciones que demanda el día a día de una iglesia local: llevar a cabo los cultos, atender las necesidades pastorales, afrontar las crisis, visitar a los enfermos, contestar los correos, atender el teléfono, asistir a reuniones denominacionales o de ciudad y un etcétera tan largo como deseemos.

La segunda de las dimensiones es el **liderazgo estratégico**. Este tipo de liderazgo es ante todo toma de decisiones de cara al futuro. Es reflexionar y tomar hoy las decisiones que permitirán que una organización o una persona no solamente pueda sobrevivir en el futuro, sino que también pueda producir un impacto. Se estima que los líderes deberían dedicar alrededor de un 20% de su tiempo al liderazgo estratégico. Esto significa visionar el futuro y tomar las decisiones relacionadas con él. Sin embargo, la experiencia nos enseña que el liderazgo operativo, lo urgente, tiende a comerse al estratégico, que es lo importante, tanto en la vida de las organizaciones como en la de las personas.

La tercera dimensión es el **liderazgo personal**. Como su nombre indica, tiene que ver con la gestión de nuestro propio proyecto de vida personal. Este tipo de liderazgo también contempla las dos dimensiones antes mencionadas, la operativa –manejar y gestionar nuestro día a día– y la estratégica –tomar decisiones claves para nuestro futuro. Este libro se va a centrar principalmente en compartir principios y herramientas que puedan ser de utilidad para liderar tu proyecto de vida personal, para ejercer tu liderazgo personal.

La cuarta y última dimensión de nuestro modelo es el **liderazgo organizacional**. Tiene que ver con ejercer la acción de liderar pero dentro del contexto de una organización o una iglesia. Como mencionamos anteriormente, también aquí se necesita la dimensión operativa y estratégica.

Cuanto más grande es una organización, sea secular o religiosa, más tiempo tienen que dedicar sus dirigentes al liderazgo estratégico y menos al operativo. En las grandes corporaciones u organizaciones, los líderes no bajan para nada al nivel operativo; su trabajo consiste en la toma de decisiones, en asegurar la viabilidad de la organización en el futuro.

Observa la ilustración que aparece a continuación.

Como puedes observar, hay dos dimensiones que están resaltadas. Esto es debido a que en este libro vamos a hablar de liderazgo estratégico. Vamos a enseñarte los principios básicos para desarrollar una estrategia. Sin embargo, para que resulte más relevante, más útil para ti, lo llevaremos a cabo aplicándolo a tu propia vida personal; te daremos todas las herramientas para que puedas desarrollar tu plan estratégico personal. Dado que los principios son los mismos, también podrás usarlos si tienes la responsabilidad de establecer planes para tu iglesia local o tu organización.

LA PREMISA FUNDAMENTAL

Este libro se basa en una premisa fundamental: el que no puede liderarse a sí mismo no puede liderar a otros. Esta frase pertenece al fundador de la orden Benedictina Benito de Nursia, quien es considerado el patrón de Europa. A principios del siglo VI, Benito redactó su regla para los monjes. En esta, cuando se habla de la elección del abad por parte de los monjes, se establece el principio antes mencionado: saber liderarse a sí mismo. La Biblia lo expresa de manera similar: "Es mejor ser paciente que poderoso; mejor es dominarse a sí mismo que conquistar una ciudad" (Proverbios 16:32). De hecho, como bien sabemos, el dominio de uno mismo es uno de los frutos del Espíritu Santo (Gálatas 5:22-23).

Pienso que difícilmente podrá liderar a otros aquel que no se puede o sabe liderarse a sí mismo. ¿Por qué? Porque el liderazgo, como ya he mencionado, es tremendamente complejo. Esta complejidad se debe al hecho de que es llevado a cabo por seres humanos, es decir, nosotros; y todos los seres humanos, sin excepción, somos increíblemente complejos. Consecuentemente, quien no sabe conocer, reconocer y gestionar su propia complejidad, ¿cómo podrá manejar la complejidad de los miembros de un equipo? Si no soy capaz de modular, por ejemplo, mis emociones o inseguridades, la forma en que me afectan y el modo en que condicionan mis relaciones, ¿cómo podré hacerlo con las de un equipo de trabajo? Mucho menos con una iglesia u organización. A más personas, más complejidad.

Ken Blanchard, uno de los gurús del liderazgo y un cristiano altamente comprometido, explica, tal y como puedes ver en la siguiente imagen, que existen tres niveles de liderazgo:

El primer nivel, fundamental según este autor, es el liderazgo personal. Es decir, ser capaz de liderar y gestionar nuestro propio proyecto vital. Este nos capacita para liderar un equipo, un conjunto de personas. Finalmente, cuando hemos asumido con éxito los dos niveles anteriores, y solo entonces, estamos en condiciones de ejercer el liderazgo en el contexto de una organización.

Sin duda, el liderazgo personal no nos garantiza ser exitosos en el de equipo u organizacional. Podríamos decir que cada nivel es condición necesaria pero no suficiente para el siguiente. También es cierto, tal y como nos lo demuestra nuestra experiencia, que hay líderes que se centran en los niveles dos y tres para compensar su fracaso en el nivel uno. Ante su incapacidad de liderarse a ellos mismos, realizan una huida hacia adelante centrándose en liderar a otros.

PREGUNTAS DE REFLEXIÓN

Pensando en las cuatro dimensiones del liderazgo, ¿en cuál o cuáles de ellas estás pasando la mayor parte de tu tiempo?

1. Describe algunas de las actividades de tu liderazgo operativo.

2. Describe algunas de las actividades de tu liderazgo estratégico.

3. Describe algunas de las actividades que podrías encuadrar dentro de tu liderazgo personal.

4. Haz lo mismo con actividades que estarían dentro del liderazgo organizacional.

5. ¿Qué reacciones produce en ti la frase de Benito de Nursia? ¿Y la del libro de Proverbios?

6. ¿Estás de acuerdo con la afirmación de Blanchard de que cada nivel de liderazgo nos hace idóneos para ejercer el siguiente? ¿Por qué sí o por qué no? Justifica, por favor, tu respuesta.

Una de las tensiones que todo líder tiene que afrontar es la existente entre liderar a otros y liderarse a sí mismo. De hecho, muchos expertos en liderazgo cuestionan la capacidad de liderar a otros y de dirigir a personas de aquellos que no tienen la capacidad de ejercer liderazgo y control sobre sus propias vidas, sobre sus propios proyectos personales.

Bill George, profesor de la Escuela de Negocios de Harvard y también seguidor de Jesús, en su libro *Discover your true north* dice lo siguiente al respecto:

"... puedes preguntarte por qué nos enfocamos tanto en tu historia de vida y en desarrollarte a ti mismo en oposición a liderar a otros. Como hemos aprendido del trabajo con muchos líderes, la persona más difícil que tendrás que liderar eres tú mismo. Una vez que te sientas cómodo con quién eres –y te sientas a gusto con tu propia piel–, liderar a otros es realmente mucho más fácil".

¿CÓMO PUEDE LIDERAR A OTROS AQUEL QUE NO TIENE LA CAPACIDAD DE LIDERARSE A SÍ MISMO?

La Biblia, la Palabra de Dios, como muchos otros libros de sabiduría antigua, utilizando un lenguaje poético, afirma la importancia para una persona de tener el control de su propio proyecto vital.

¿Cómo puede liderar a otros aquel que no tiene la capacidad de liderarse a sí mismo? ¿Cómo puede determinar el curso de acción de otros aquel que no ha sabido, podido o querido determinar su propio curso de acción? ¿Cómo puede dar puntos de referencia a sus seguidores aquel que no ha identificado su propio norte? Espiritualizar nuestra falta de liderazgo personal no es la mejor respuesta. El declarar que nos dejamos guiar por el Espíritu Santo no es una excusa para no tener un correcto liderazgo de uno mismo. A quien no es fiel en lo poco, nos enseña el Evangelio, no se le puede confiar lo mucho.

Peter Scazzero en su libro *El líder emocionalmente sano* afirma:

"Todo lo que llevamos dentro clama en su contra. Por eso lo exteriorizamos todo: es mucho más fácil enfrentarse con el mundo exterior. Es más fácil pasarse la vida manipulando una institución, que enfrentándose a nuestra propia alma. Hacemos que las instituciones parezcan complicadas, duras y rigurosas, pero son una simpleza comparada con nuestros laberintos internos".

En mi propia vida personal, fue la lectura de las obras del ya fallecido Steve Covey, otro de los gurús contemporáneos del liderazgo y la administración, las que marcaron y forjaron la capacidad de liderarme a mí mismo. Libros como *Los siete hábitos de la gente altamente efectiva*, *Primero lo primero*, *Liderazgo basado en principios* o su más reciente *El octavo hábito*, han sido claves en mi desarrollo como líder y en crear mi propio estilo de liderazgo. Otros autores como Viktor Frankl y su libro *El hombre en busca de sentido* o el filósofo cristiano italiano Romano Guardini y su breve pero sustanciosa obra *Las etapas de la vida*. Más recientemente, *Where is your lighthouse? Navigate your life and take charge of your own future*, escrito por tres profesionales alemanes, Jörg Knoblauch, Marcus Mockler y Johannes Hüger, y *Halftime: moving from success to significance*, del norteamericano Bob Buford.

Todos estos libros pueden ser encontrados en cualquier librería o, afortunadamente hoy en día, comprados de forma digital o impresa en Internet. Finalmente, años de lectura diaria de la Biblia, que reconozco personalmente como la Palabra de Dios, y que contiene increíbles descripciones de la realidad humana y enormes cantidades de sabiduría útiles para conocerse a uno mismo, y de ese modo liderarse mejor y así liderar mejor a otros.

Todos los autores y textos citados estarán presentes a lo largo de estas páginas. Aunque no los cite de forma textual, reconozco que son las fuentes en las que he bebido, y las honro reconociendo que son mi base de inspiración. Al mismo tiempo, más de cuarenta años de liderazgo activo a nivel nacional e internacional me han dado suficiente experiencia como para formar mi propio estilo personal y singular, algo que aparecerá reflejado en estas páginas.

No pretendo ser original sino efectivo. No niego que repito cosas que otros ya han escrito; tan solo he tratado de unirlas de un modo coherente que pueda servirle al lector para liderarse mejor a sí mismo. Tampoco negaré que he añadido mi propio sabor y toque personales, y lo he aderezado todo con mis experiencias de años de liderarme a mí mismo y a otros.

En estas páginas compartiré principios de liderazgo personal, de liderarse a uno mismo. Me gustan los principios porque a diferencia de los métodos, que siempre son temporales, culturales y locales, son permanentes y pueden aplicarse a cualquier lugar y situación. Eso sí, será responsabilidad del lector el ver cómo esos principios de liderazgo personal se aplican a su situación singular, única e irrepetible. Ese será tu desafío.

La experiencia me ha enseñado que muchas veces, al hablar de principios diferentes, las personas le otorgan diferentes significados; si estoy esperando que trabajes en base a los mismos, creo que sería oportuno que pudiéramos tener un lenguaje común. Para ello voy a echar mano, una vez más, de Steve Covey, quien en su libro *Primero lo primero* hace una buena distinción entre valores, prácticas y principios. El párrafo es largo, pero dado su valor lo reproduciré íntegramente:

Cuando hablamos de principios, también es importante saber de qué no hablamos. No hablamos de valores. Muchos pensamos que el mero hecho de valorar algo implica que, al obtenerlo, nuestra calidad de vida mejorará. Pensamos: "Me sentiré feliz y realizado cuando haga más dinero... cuando reconozcan mi talento... cuando compre una casa costosa o un automóvil nuevo... cuando termine mis estudios universitarios".

Sin embargo, centrarse en los valores constituye uno de los principales engaños del tradicional enfoque de la administración del tiempo. Se trata de contenido sin contexto. Implica prever el éxito, fijar metas, subir escaleras sin comprender las realidades del verdadero norte sobre las cuales deben basarse esos esfuerzos para ser efectivos. Esencialmente sostiene que "lo primero equivale a sus prioridades. Usted decide qué es lo que valora y va en su búsqueda de forma eficiente". Esto puede conducir a la arrogancia: creer que somos la encarnación misma de la ley y considerar a los demás como "cosas" o recursos que servirán para realizar lo que deseamos...

No hablamos de prácticas. En medio de la complejidad, tendemos a buscar la seguridad de las prácticas, es decir, en específicas y establecidas maneras de obrar. Nos centramos en los métodos y no en los resultados. "Dígame solo lo que debo hacer. Deme las instrucciones". Podemos obtener resultados positivos con una práctica en una determinada situación, pero, si intentamos aplicar la misma práctica en otra, a menudo advertimos que no sirve. Cuando nos enfrentamos con situaciones para las cuales no establecimos práctica alguna, con frecuencia nos sentimos perdidos e incompetentes.

Arnold Toynbee, el gran historiador, declaró que se podría escribir toda la historia en una pequeña y simple fórmula: desafío–respuesta. El medio ambiente crea un desafío y luego el individuo, la institución, la sociedad, ofrecen una respuesta. A continuación, surge otro desafío y otra respuesta. La fórmula se repite de forma constante.

El problema reside en que estas respuestas se codifican. Se solidifican en cemento. Se vuelven parte de nuestro modo de pensar y de obrar. Es posible que sean buenos procedimientos y buenas prácticas. Pero cuando nos encontramos con otro nuevo desafío, las viejas prácticas ya no sirven. Se vuelven obsoletas. Nos encontramos solos en medio del mar, intentando navegar con un mapa de caminos.

El poder de los principios radica en que son verdades universales, atemporales. Si comprendemos y vivimos la vida basados en principios, nuestra adaptación es rápida; podemos aplicarlos, en cualquier caso.

En otra de sus obras, *Liderazgo basado en principios*, los describe del siguiente modo:

Son leyes naturales y valores sociales normativos que han emergido gradualmente a lo largo de los siglos a través de toda gran sociedad, de toda civilización responsable. Afloran con la forma de valores, ideas, normas y enseñanzas que enaltecen, ennoblecen, satisfacen, dan poder e inspiran a la gente... los principios son de aplicación universal. Y cuando son incorporados como hábitos, dan poder a la gente para crear una amplia variedad de prácticas con las que resolver diferentes situaciones.

Doug Kirkpatrick, autor de *The no-limits enterprise: Organizational self-management in the new world of work,* en un artículo titulado: *The age of the self-managed organization,* publicado en 2016, dice respecto a los principios:

Un principio es una ley o verdad fundamental, primaria o general de la cual otras derivan. Los principios humanos son como los físicos (por ejemplo, la gravedad). Los principios existen y siempre funcionan. Las personas pueden escoger entre alinear sus conductas con estos principios fundamentales o no, pero tomar la decisión de ignorarlos (como la gravedad) puede tener serias consecuencias. De manera similar, ignorar los principios humanos (como, por ejemplo, respeto por la naturaleza voluntaria que tienen tanto la interacción humana como el mantenimiento de los compromisos) puede causar un daño enorme... Mientras que la ignorancia de los principios básicos humanos conlleva serios costes, alinear las acciones con los principios reporta beneficios significativos.

Para acabar, mencionar al filósofo norteamericano, Ralph Waldo Emerson, quien escribió lo siguiente respecto a los principios:

En lo que se refiere a métodos debe haber más de un millón, pero principios solo unos pocos. La persona que comprende los principios puede, de manera exitosa, seleccionar sus propios métodos. Quien elige métodos ignorando los principios, seguro que tendrá problemas.

UNA COMPLEJIDAD CRECIENTE

Volvamos momentáneamente a los tres niveles de liderazgo de Blanchard mencionados anteriormente. Este autor parte de la base de que todo ser humano es increíblemente complejo en sus pensamientos, valores, motivaciones, paradigmas, actitudes, etc. Si la persona no tiene un claro conocimiento de ella misma y cómo todo lo anteriormente citado le afecta, no lo podrá gestionar. Hay una frase de sir John Whitmore, uno de los padres del coaching moderno, que, parafraseada, dice que aquello que desconocemos nos controla; sin embargo, a lo que conocemos lo podemos gestionar. En forma parecida, el salmista le pide al Señor que le libre de los pecados que acechan su corazón (Salmo 19:12). David no habla de aquellos que él oculta o esconde, sino más bien de aquellos de los que carece de conciencia y, consecuentemente, no puede hacer nada al respecto. Dicho esto, veamos el siguiente gráfico:

Aquí hay un proceso claramente establecido:

1. **Me conozco:** es decir, traigo a la conciencia mis pensamientos, actitudes, motivaciones, paradigmas, valores, etc. Los identifico, les pongo nombre y apellido a lo bueno y a lo malo que hay en mí.

2. **Me reconozco:** es decir, admito lo que soy sin justificaciones, racionalizaciones o sublimaciones. Es lo que hay en mí y lo abrazo. Más adelante podrás ver mi comentario a Juan 1:14 relacionado con este punto de reconocer.

3. **Me gestiono:** es decir, comienzo a trabajar con la ayuda de Dios aquellas cosas que hay en mí que no están alineadas con el tipo de persona que el Señor quiere que sea y que pueden ser un obstáculo para dirigir mi propia vida y, si deseo ejercer el liderazgo, dirigir a otros. Seamos honestos, si no puedo gestionar mi propia complejidad, cómo pretenderé gestionar la suma de complejidades que se dan en un equipo.

4. **Empatizo:** Se dice que, con demasiada frecuencia, condenamos en otros aquello que no nos gusta de nosotros mismos. El otro nos recuerda nuestra realidad no reconocida ni gestionada, nos confronta con ella y eso genera una tensión. Tensión que debe ser eliminada o suavizada; condenar al otro es una de las maneras más sencillas y usuales de hacerlo.

• Sin embargo, cuando estoy de forma continuada conociendo, reconociendo y gestionando con el Señor mi realidad, ya no siento la presión descrita en el párrafo anterior. Mi prójimo ya no me genera inseguridad y, por tanto, puedo empatizar con él, puedo mostrarle comprensión y compasión porque, al entender y aceptar mi propia realidad, puedo entender y aceptar compasivamente la suya.

• El libro de Hebreos nos enseña mucho al respecto por medio de la figura del sumo sacerdote del Antiguo Pacto. En Hebreos 5:1–3 leemos lo siguiente:

• *El sumo sacerdote es escogido de entre los hombres para representarlos ante Dios y para ofrecer ofrendas y sacrificios por los pecados. Y lo hace tanto por los pecados del pueblo como por los suyos propios, ya que como ser humano tiene muchas debilidades. Y por eso mismo, puede ser comprensivo con quienes son ignorantes y andan extraviados.*

- El sumo sacerdote, por decirlo de alguna manera, no tiene más remedio que empatizar con los demás. ¿Por qué? Porque tiene plena conciencia de su propia realidad, debilidad y necesidades y, por tanto, puede mostrar compasión hacia los demás. Más adelante en el mismo texto de Hebreos se nos indica que esa es la razón por la cual el sumo sacerdote ha de ofrecer sacrificios: primeramente, por sus propios pecados –realidad– antes de ofrecerlos por el pueblo –empatizar.

5. **Me relaciono:** Las relaciones interpersonales son muy diferentes cuando hemos caminado los pasos previos. El otro ya no es mi enemigo ni mi amenaza. La creciente conciencia de mi propia realidad como persona y el hecho de estarla gestionando con Dios es la base por la cual puedo, si no comprender del todo, al menos intentar entender la realidad del otro.

Si queremos gestionar un equipo de personas que llegan al mismo con toda su complejidad sin haber realizado el trabajo descrito en los cinco pasos anteriores para manejar nuestra propia complejidad personal, dudo que estemos capacitados para manejar la suma de complejidades que implica un equipo. Simplemente, no es posible hacerlo de forma eficiente y efectiva.

CONCIENCIA DE UNO MISMO

Para podernos liderar necesitamos un profundo y honesto conocimiento de nosotros mismos. Un conocimiento sin racionalizaciones, sublimaciones ni justificaciones. Es preciso entender quiénes somos, por qué somos y actuamos de la manera en que lo hacemos y qué podemos y debemos hacer en cuanto a este conocimiento.

Pero, en ocasiones, aceptar nuestra realidad puede ser abrumador y, consecuentemente, edificamos toda una serie de capas defensivas. No nos gustamos a nosotros mismos, nos cuesta aceptar ciertas facetas de nuestra realidad y somos temerosos de cómo otros podrían reaccionar si supieran cómo es nuestro yo auténtico y real.

Esto trae a mi mente las palabras que Juan, el evangelista y apóstol, escribe en el prólogo a su Evangelio: "Y la Palabra se hizo hombre y habitó entre nosotros. Y hemos visto su gloria, la gloria que le pertenece al Hijo único del Padre, en el que abundan el amor y la verdad" (Juan 1:14). Jesús vino con ambas cosas, gracia y verdad. Si hubiera venido únicamente con esta última hubiera sido demasiado duro para nosotros enfrentarnos con nuestra realidad, con lo que somos, con las motivaciones, pensamientos, valores y actitudes que albergamos en lo más profundo (o no tan profundo) de nuestro ser. Pero lo hace, nos da conciencia de nosotros mismos, nos muestra cómo realmente somos, lo pone de manifiesto, lo saca a la superficie y, justamente cuando lo hace nos expresa su gracia y nos dice que somos aceptados, no a *pesar* de esa realidad, sino *con* esa realidad. La verdad sin gracia sería insoportable, pero la gracia sin verdad no nos haría conscientes de lo que somos y de nuestra necesidad absoluta de cambio. Gracia y verdad son la combinación necesaria y perfecta.

Lo cierto es que no podemos gestionar aquello que no reconocemos y no queremos o podemos reconocer por el dolor que puede producir. Tratamos de enterrarlo en lo más íntimo de nuestra identidad, a menudo sin ser conscientes del impacto que sigue teniendo sobre nosotros y cómo nos afecta en nuestra conducta.

Jesús, en el Evangelio de Juan, dice unas palabras que son sobradamente conocidas: "Si ustedes se mantienen obedientes a mis enseñanzas, serán de verdad mis discípulos. Entonces conocerán la verdad, y la verdad los hará libres". El Maestro tiene toda la razón, cuando conocemos y reconocemos la verdad acerca de nosotros mismos es cuando estamos en condiciones de hacer algo con ella, de gestionarla, de llevarla ante Dios para que Él la cambie. En ese sentido, la verdad nos libera por dolorosa que pueda ser reconocerla. Sin embargo, mientras la ignoremos u ocultemos, esta seguirá controlando nuestra vida.

El ya citado Bill George, profesor de liderazgo en la Universidad de Harvard, dice al respecto:

La conciencia de uno mismo es el cimiento de la autenticidad y, por tanto, el centro de tu brújula. La desarrollas explorando tu historia de vida [El Mapa de Vida es un material que encontrarás más adelante y que te será de gran utilidad en este sentido] y así, el sentido de tus crisoles [Situaciones difíciles de la vida que han resultado formativas]. Al hacer esto podrás entender quién eres como líder en el nivel más profundo. Una base de conciencia de uno mismo lleva a la aceptación personal y, finalmente, a la autorrealización para que puedas cumplir tu máximo potencial.

Un estudio publicado en la Harvard Business Review y titulado *What Self-Awareness Really is (and how to cultivate it)* indica que:

Nuestra investigación reveló muchos obstáculos, mitos y verdades sorprendentes sobre qué es la autoconciencia y qué se necesita para mejorarla. Descubrimos que, aunque la mayoría de las personas creen que son conscientes de sí mismas, la autoconciencia es una cualidad realmente rara: estimamos que solo entre el 10% y el 15% de las personas que estudiamos en realidad cumplen los criterios.

¡Sorprendente! La inmensa mayoría de las personas no tienen la capacidad de conocer su mundo interior y, consecuentemente, no pueden ni monitorizarlo ni tampoco evaluarlo. Pero ¿cómo se obtiene esta conciencia de uno mismo, esta autoconciencia? Bueno, fundamentalmente a través de dos canales: la reflexión y la retroalimentación por parte de otras personas.

LA RETROALIMENTACIÓN

Una cosa es cómo nos vemos a nosotros mismos y otra, en ocasiones, muy diferente, cómo somos percibidos por los demás. Con frecuencia, hay aspectos de nuestra vida que son evidentes a los que nos rodean y, sin embargo, permanecen fuera de nuestra percepción. La única forma de poder eliminar esos puntos ciegos es precisamente cuando recibimos una retroalimentación honesta de parte de los demás y de Dios.

Henry Cloud, en su libro *Límites para líderes*, habla acerca de lo que podemos llamar el líder entrópico, y lo describe de la siguiente manera:

La segunda ley de la termodinámica afirma que en el universo todo se está desgastando, quedándose sin energías y volviéndose cada vez menos organizado y más desordenado... Sin embargo, un aspecto importante de esa ley es que solo se aplica a un sistema cerrado, es decir, se aplica a las cosas que han sido dejadas a su propio cuidado y están cerradas a toda intervención procedente del exterior...

En cambio, en un sistema abierto, el resultado es bastante diferente. El desorden y la decadencia no son inevitables, y en realidad se pueden impedir si el sistema se abre a dos cosas: una nueva fuente de energía y un esquema (esquema es todo aquello que sirve como guía, patrón o modelo) ...

No obstante, ¿qué sucede con el propio líder? Recuerde que él también es un sistema, sujeto a entrar en decadencia y volverse más desorientado y desviado del camino correcto si se le deja a sus propias fuerzas. Al contrario, si se abre a fuerzas externas portadoras de energía e inteligencia, puede ir mejorando cada vez más.

La idea es que un líder que no está abierto a recibir retroalimentación del exterior se va convirtiendo poco a poco en un líder entrópico, cada vez más alejado de la realidad y cada vez con una autoconciencia o conocimiento de él mismo más y más limitado. Este es un riesgo que todos corremos cuando sentimos miedo de escuchar lo que otros tienen que decir sobre nosotros, y debo decir que en todos mis años de experiencia en el liderazgo cristiano he visto multitud de líderes que tienen auténtico pavor a recibir retroalimentación de parte de otros y de Dios.

Goleman, Boyatzis y McKee, en su libro *El líder resonante crea más*, lo denominan "la enfermedad del CEO". Según ellos, cuánto más se va escalando en la jerarquía, más y más se va produciendo una falta de contacto con la realidad. Esto es debido a dos factores: en primer lugar, nadie quiere dar malas noticias o llevarle la contraria a los jefes, porque hay miedo de que el mensajero resulte muerto. En segundo lugar, los líderes no sienten la necesidad de recibir la retroalimentación. Por una razón u otra, o por la combinación de ambas, el líder no puede superar sus puntos ciegos.

Vamos a comentar ahora la Ventana de Johari. Creada en 1955 por los psicólogos estadounidenses Joseph Luft y Harrington Ingham, la Ventana de Johari es un modelo de autoconocimiento que tiene como objetivo demostrar gráficamente la interacción entre nuestra propia percepción y la forma como las demás personas nos ven. En la siguiente ilustración podrás ver la ventana y una explicación de sus cuatro cuadrantes.

ÁREA PÚBLICA

Lo que conozco sobre mí y los demás conocen de mí

ÁREA CIEGA

Lo que los demás conocen sobre mí y yo no conozco

ÁREA OCULTA

Lo que conozco sobre mí y no cuento a los demás

ÁREA DESCONOCIDA

Lo que ni yo ni los demás conocemos sobre mí

Veamos los cuatro cuadrantes o áreas de la ventana.

Área pública o conocida:

Es el cuadrante de aquello conocido por uno mismo y por los demás. Aquí se incluiría todo lo que dejamos ver a otros sobre nosotros mismos, lo que comunicamos abiertamente: experiencias, emociones, pensamientos, etc.

Área o puntos ciegos:

Es el cuadrante que incluye aquello que desconocemos de nosotros mismos, pero que sí conocen los demás (por ejemplo, algo que hemos descubierto tras el comentario de algunas personas o amigos de confianza). Muchas veces nos negamos a querer ver según de qué cosas se trate, pero si más de dos o tres personas de confianza están de acuerdo en algún rasgo de nuestra personalidad o comportamiento, lo más probable es que algo de verdad haya en ello.

Área oculta:

En este cuadrante incluiríamos todo aquello que conocemos nosotros pero que desconocen los demás. Pueden ser pensamientos, rasgos de personalidad, emociones, hábitos, conductas, etc., que somos reticentes a mostrar públicamente pero que también nos definen.

Área desconocida:

En este cuadrante, quizás el más intrigante, es donde se incluye todo aquello que desconocemos de nosotros mismos y que también desconocen los demás. Todo un potencial para explorar y descubrir.

Como hemos indicado anteriormente, ganamos autoconciencia en la medida en que podemos reducir nuestros puntos ciegos. Esto solo es posible cuando estamos abiertos, pedimos y recibimos retroalimentación o feedback de otros, algo que no siempre es fácil por miedo a la realidad que podamos descubrir. Sin embargo, la realidad siempre es nuestra mejor amiga. Si la desconocemos, negamos, justificamos o racionalizamos, no podemos hacer nada al respecto. Pero cuando la recibimos, por amarga o dura que pueda ser, siempre, siempre, tenemos la posibilidad de hacer algo positivo con esa información.

ALGUNAS PAUTAS PARA RECIBIR LA RETROALIMENTACIÓN:

- Pedirla de forma abierta, con el deseo de mejorar.
- Pedirla de forma específica (observa el modelo que hay más adelante).
- Recibirla sin responder, objetar, dar explicaciones, etc. De hecho, tan solo se debe hablar para hacer preguntas de clarificación que nos ayuden a entender lo que nos están transmitiendo.
- Comprometerse a revisar y valorar la información recibida.
- Dar las gracias.

Con frecuencia, la retroalimentación que recibimos es total o parcialmente de nuestro desagrado. Esto puede cerrarnos a revisarla y pensar en ella. Una actitud que ayuda es pensar del siguiente modo: "Aunque tan solo el 10% de lo que me han dicho fuese cierto, ¿qué puedo aprender de ello?". Piensa, además, que, si varias personas coinciden, algo de razón deben tener.

En ocasiones, y por diversas razones, es posible que las personas no se sientan seguras para decirte lo que piensan. Puede ser que seas su jefe y no sepan muy bien cómo reaccionarás ante una evaluación honesta de cómo eres y lideras. ¿Será usada esa información en su contra? ¿Pondrá en peligro relaciones? Preguntas de este tipo, riesgosas en cuanto a las potenciales respuestas, pueden frenar una retroalimentación honesta y, por tanto, privarnos de conocer la realidad.

A veces, debemos dar un paso hacia adelante y mostrarnos vulnerables. La vulnerabilidad es la posibilidad de ser dañados emocional, física, intelectualmente. Cuando nos mostramos de esta manera (siempre con límites) estamos generando una seguridad psicológica que hace mucho más fácil el recibir retroalimentación. Formas de ser vulnerable pueden ser el pedir perdón, reconocer errores, aceptar como mejores las ideas de otros, pedir opinión sobre cosas que no entendemos, etc.

UN MODELO SENCILLO PARA DAR RETROALIMENTACIÓN

Te sugerimos un modelo muy simple que puede ayudarte a pedir retroalimentación a las personas que te rodean. Son preguntas, como puedes apreciar, muy sencillas, y puedes añadir otras más específicas a tu realidad si lo crees necesario y útil.

Responde las preguntas y sé específico en tus respuestas.

1. ¿Qué cosas estoy haciendo bien?
2. ¿Qué cosas debería mejorar?
3. ¿Qué cosas debería de hacer que no estoy haciendo?
4. ¿Qué cosas debería dejar de hacer?
5. Cualquier otro comentario que crees que me puede ayudar a mejorar.

LA RETROALIMENTACIÓN QUE VIENE DE DIOS

Como ya hemos visto, la retroalimentación que otras personas pueden darnos es muy necesaria; sin embargo, no es suficiente. También los demás tienen una perspectiva limitada de nuestra realidad. Ven lo que ven y son de gran ayuda cuando nos lo dicen, pero también existe el área desconocida, aquella a la que ni nosotros ni los demás tenemos acceso. Aquella en la que únicamente el Señor puede entrar. Por eso, debemos complementar la retroalimentación de otras personas con la que procede de Dios. En Salmos 139:23–24 leemos lo siguiente: "Examíname, Dios, y conoce mi corazón; pruébame y conoce mis pensamientos. Señálame lo que en mí te ofende, y guíame por la senda de la vida eterna". El salmista está exponiendo su corazón (la voluntad, donde se toman las decisiones, donde se controla el proyecto de vida personal), sus pensamientos (toda la vida mental y emocional) y sus conductas al análisis del Señor, con el deseo de recibir retroalimentación de Él y actuar sobre esta para cambiar.

Del mismo modo que hemos de pedirle a las personas retroalimentación de forma regular si queremos crecer y mejorar, también lo hemos de hacer con Dios. Un hábito saludable que personalmente practico desde hace años es acabar el día permitiendo que el Señor me examine y, de ese modo, poder comprender mi realidad.

LA REFLEXIÓN

Reflexión es una palabra latina que significa inclinarse hacia atrás para tomar distancia y ganar, de ese modo, perspectiva. Sócrates afirmaba que una vida no reflexionada no era digna de ser vivida. Cuando reflexionamos podemos pensar sobre nosotros mismos, acerca de cómo vivimos.

Podemos hacernos preguntas acerca del porqué hacemos lo que hacemos o dejamos de hacer; sobre nuestras motivaciones, valores, actitudes, prejuicios. Podemos hacer el esfuerzo de vernos a nosotros mismos desde esa distancia de la que hablábamos y, si nos lo permitimos y el miedo no nos lo impide, podremos tener una mejor comprensión de quiénes somos.

Los seres humanos hemos sido creados por Dios con la capacidad de la metacognición, es decir, de ser capaces de pensar sobre nuestros pensamientos y hacer juicios sobre los mismos. Tenemos la capacidad de poder identificar los paradigmas o filtros a través de los que miramos la realidad y no únicamente mirar de forma inconsciente.

El tipo de vida en la que estamos inmersos no favorece para nada el ser reflexivos. Para la reflexión hace falta soledad, silencio y aprendizaje de cómo hacerlo. La soledad opcional, la que nosotros buscamos, a menudo nos asusta; no sabríamos qué hacer si hemos de estar demasiado tiempo con nosotros mismos. El silencio lo llenamos con ruido de forma constante, a menudo, para ahuyentar la soledad. Precisamente el silencio intencional es el que nos puede permitir escuchar la voz de nuestro corazón, nuestra conciencia; la voz del Señor, en definitiva. Es curioso cómo en nuestras comunidades no generamos espacios para el silencio y la reflexión, y llenamos nuestros cultos con música y canciones sin dar la opción a ese silencio en el que Dios se manifiesta susurrando a nuestro corazón.

Para poder ser reflexivos, hemos de ser intencionales en aprender a hacerlo y en llevarlo a la práctica. Algunas personas hacen meditación. Para otras, la oración, el diálogo con Dios, es su manera de pensar sobre ellos mismos y la vida. Otras personas lo hacen caminando, corriendo, etc. Lo importante no es el cómo –que se puede adaptar a cada persona– sino el qué.

Personalmente sigo la tradición hebrea del Sabbath (aunque como cristiano lo observo en domingo) aplicada a mi propia realidad. En el Antiguo Testamento el Dios de Israel estableció que un día a la semana las personas debían dejar de trabajar para descansar y hacer una evaluación (reflexión) sobre la forma en que estaban viviendo. Ese hábito, tomarnos un tiempo semanal para reflexionar sobre nuestra vida, me parece tremendamente saludable y una increíble fuente de autoconocimiento. Por medio del Sabbath el Señor nos permite cada seis días parar y reflexionar sobre nuestra forma de vivir, asegurarnos que estamos alineados con el Reino y sus valores, y si no es así, tomar las decisiones necesarias para hacerlo.

Adicional a ello, cada día, al final de este, dedico unos minutos a verme desde fuera y a pensar sobre cómo he vivido el día que está llegando a su fin, qué hice bien, qué puedo mejorar, qué debo hacer diferente. Esto, unido a lo ya mencionado de buscar diariamente la retroalimentación del Señor por medio del Salmo 139, me ayuda a tener esa necesaria conciencia de mí mismo y mi forma de vivir.

De esta manera, la práctica de la retroalimentación y la reflexión periódica nos proveerán de una información súper valiosa para crecer en el conocimiento de nosotros mismos y, consecuentemente, podernos gestionar mejor.

RECOPILANDO

Por favor, escribe en este espacio las tres cosas más importantes que has aprendido en este capítulo:

1.

2.

3.

Por favor, escribe en este espacio tres pasos prácticos, por pequeños que sean, que aplicarás:

1.

2.

3.

TRANSICIÓN: LO QUE HEMOS VISTO Y LO QUE VAMOS A VER

En la sección anterior hablamos acerca de los modelos y su importancia, junto con sus limitaciones. Describimos los cuatro cuadrantes del liderazgo: operativo, estratégico, personal y organizacional. En este libro trabajaremos el estratégico aplicándolo a nuestra propia experiencia personal; así aprenderemos cómo desarrollar nuestro liderazgo personal.

También vimos los tres niveles del liderazgo que menciona Ken Blanchard: personal, de equipo y organizacional. Son secuenciales, y cada uno de ellos es necesario para poder desarrollar el siguiente. En cada nivel la complejidad aumenta.

Esta complejidad es creciente y por eso necesitamos comprender el proceso de conocer, reconocer y gestionar. Es entonces y solo entonces cuando podemos empatizar y, consecuentemente, relacionarnos.

Nos conocemos a nosotros mismos por dos medios: la reflexión y la retroalimentación. Sin esta última, siempre tendremos puntos ciegos, áreas que no conocemos y que, por tanto, no podemos gestionar. La ventana de Johari nos los mostraba con claridad.

El próximo capítulo estará centrado en el cambio, y lo afrontaremos desde dos perspectivas diferentes: la mecánica del cambio, a través de la fórmula transformacional, y la psicología del cambio, por medio de la inmunidad al cambio.

CAPÍTULO 2

CAMBIO

"TRANSFORMACIÓN SIGNIFICA, LITERALMENTE, IR MÁS ALLÁ DE NUESTRA FORMA ACTUAL". -WAYNE DYER

Mi amigo y colega de trabajo en el mundo del coaching, el doctor Keith E. Webb, autor del libro *El modelo Coach para líderes cristianos*, y con quien tuve el privilegio de escribir de forma conjunta la obra *El modelo Coach para líderes juveniles*, ambos publicados por Editorial Vida, desarrolló una fórmula que me parece una increíble contribución para la comprensión y el trabajo en los procesos de cambio, tanto a nivel personal como organizacional.

LA FÓRMULA TRANSFORMACIONAL

Webb la denomina *la fórmula transformacional* y se ve de este modo:

$$C (D \times A \times R) = T$$

Quisiera explicar los componentes de esta fórmula que proviene, como indiqué anteriormente, del mundo del coaching. Las iniciales corresponden a las siguientes palabras:

C	Coach
D	Descubrimiento
A	Acción
R	Refuerzo
T	Transformación

Webb explica que el **coach/líder/pastor**, por medio de su trabajo, genera en el cliente una serie de **descubrimientos**, es decir, nuevas percepciones conscientes de su propia realidad. Ahora bien, estas nuevas perspectivas tienen poco valor si no son puestas en **acción,** y no persistirán en el tiempo si no hay una estructura de **refuerzo**, una práctica continuada de las mismas. Finalmente, si todo ello se da, se producirá la **transformación.**

Mi amigo Webb insiste en que cuando no se produce transformación en la vida de una persona, eso es debido a que uno o más ingredientes de la fórmula fallan y, en la mayoría de los casos, acostumbra a ser la acción y el refuerzo.

Todo eso para explicar que por medio de la lectura de estas páginas estoy seguro de que obtendrás muchas nuevas perspectivas que, sin embargo, no tendrán utilidad a menos que las apliques y las lleves a la acción –te proveeré un espacio para ello.

La acción o práctica es muy importante, y así nos lo enseña la Biblia. El conocimiento sin acción no sirve para gran cosa. Observa este pasaje de la carta que escribió Santiago, el hermano de Jesús.

"Pongan en práctica la palabra y no se limiten a sólo escucharla pues de otra manera se engañan ustedes mismos. El que escucha la palabra pero no la pone en práctica es como el que mira su cara en un espejo y, en cuanto se va, se olvida de cómo era". (Santiago 1:22-24)

El mismo Jesús nos habla en el evangelio acerca de esta realidad. En Mateo 7:24-27 encontramos el bien conocido pasaje de los dos cimientos. Narra a la persona que construyó su casa sobre la arena y la que lo hizo sobre la roca. Lo que marca la diferencia entre ambas es que una ponía en práctica las enseñanzas de Jesús; la otra no. En este mismo capítulo Jesús habla de que aquel que entrará en el Reino de Dios no es quien le llama Señor; antes bien, será aquel que pone en práctica la voluntad del Padre. Nuevamente vemos el énfasis en la práctica de aquello que hemos aprendido.

En nuestras iglesias, ministerios y organizaciones somos realmente buenos en generar descubrimientos; nos falla, sin embargo, la acción. Pongamos, por ejemplo, una iglesia cualquiera. Por lo general cada domingo por medio del sermón y el estudio bíblico se generan nuevos descubrimientos sobre la vida cristiana y cómo vivirla. No obstante, damos por sentado que las personas sabrán cómo hacer el enlace entre lo enseñado y su vida cotidiana. Es mucho suponer. La cosa cambiaría considerablemente si el predicador o maestro, antes de despedir a la congregación, les pidiera que escribieran –no solo que pensaran– qué paso práctico, por pequeño que fuese, tomarían, y cuándo lo llevarían a cabo, para así aterrizar en su vida cotidiana lo aprendido. Las personas saldrían del encuentro con una actitud y determinación bastante diferentes.

LA INTENCIÓN DE IMPLEMENTACIÓN

En 2001 un grupo de investigadores de Gran Bretaña empezó a trabajar con 248 personas para desarrollar mejores hábitos, haciendo ejercicio físico en el curso de dos semanas. Los sujetos participantes fueron divididos en tres grupos.

El primer grupo era el de control. A las personas de este grupo simplemente les pidieron que llevaran un registro de la frecuencia en que hacían el ejercicio durante el periodo de prueba.

El segundo grupo era el "motivado". A estas personas se les pidió no solamente que llevaran un registro de sus entrenamientos durante el periodo de prueba, sino que también leyeran libros relacionados con los beneficios del ejercicio físico. Los investigadores también les explicaron la manera en que el ejercicio contribuía a reducir el riesgo de enfermedad coronaria y mejorar su salud cardíaca.

Finalmente llegamos al tercer grupo. Los participantes de este grupo recibieron la misma presentación acerca del riesgo de enfermedad coronaria que el segundo grupo, lo cual garantizaba que ambos grupos tuvieran niveles de motivación equivalentes. Sin embargo, a este tercer grupo se le pidió que formularan un plan que incluyera los días y horas en que harían ejercicio durante las siguientes semanas. Para ser más específicos, todos los miembros del tercer grupo tenían que completar una oración como la siguiente: "Durante la siguiente semana voy a realizar al menos veinte minutos de ejercicio vigoroso el [día] a las [hora] en [lugar]".

En los dos primeros grupos un promedio de 35% a 38% de las personas hicieron ejercicio al menos durante la primera semana. Es interesante notar que la presentación motivacional que se impartió al segundo grupo no pareció tener un impacto significativo en su conducta. El 91% de las personas del tercer grupo hicieron ejercicio por lo menos una vez por semana, esto equivale a más del doble del índice normal

La oración que completaron es lo que los investigadores llaman *intención de implementación*, lo cual consiste en un plan que se establece de antemano para definir cuándo y dónde se va a actuar. Es decir, *cómo intentas implementar un hábito en particular*.

El concepto central está claro: las personas que hacen un plan específico que determina cuándo y dónde van a realizar un nuevo hábito tienen más probabilidades de hacerlo con éxito. Es mucha la gente que trata de cambiar sus hábitos sin definir estos detalles básicos... Una intención de implementación barre con nociones imprecisas como "quiero entrenar más" o "quiero ser más productivo" o "debería ir a votar" y las transforma en planes de acción concretos.

Muchas personas piensan que les falta motivación cuando en realidad lo que les falta es claridad.

Adaptado de *Hábitos atómicos*, por James Clear.

Pero incluso eso no es suficiente a menos que practiques la integridad diaria de mantenerte primero en lo primero, es decir, que proveas refuerzo.

Hablemos un poco más del refuerzo. No me refiero única y exclusivamente a la repetición de una determinada conducta, aunque esto, como nos indican Goleman, Boyatzis y Mckee, es imprescindible: *"Para incorporar un nuevo comportamiento, los centros emocionales requieren repetición y práctica".*

Es una cuestión puramente neurológica. Cuando tratamos de incorporar un nuevo hábito, los circuitos neuronales deben de reorganizarse, generar nuevos caminos que permitan que ese hábito, con el paso del tiempo, se vuelva completamente automático, sin intervención del consciente. Sin embargo, para llegar a este punto se requiere la práctica continuada e intencional de la nueva conducta.

Otro aspecto importante del refuerzo es una comunidad de apoyo. Charles Duhigg, en su libro *El poder de los hábitos: Por qué hacemos lo que hacemos en la vida y los negocios*, explica la importancia de las comunidades de apoyo usando como ejemplo Alcohólicos Anónimos. Duhigg indica que el gran poder transformador de esta organización radica (al margen de su creencia en un poder superior que puede ayudarles) en proveer a cada persona una comunidad de apoyo entre iguales que genera un espacio de seguridad que favorece el cambio personal buscado. Los grupos de A.A. proveen ánimo para el cambio, una estructura de rendición de cuentas, y apoyo en el caso de recaídas. El autor antes mencionado indica que sin esa estructura de refuerzo no sería posible explicar el impacto que A.A. han tenido y continúa teniendo en la vida de millones de personas.

Empresas como Vigilantes del peso (*Weight watchers*) han adaptado esta misma dinámica para proveer esa estructura de refuerzo para personas que están luchando con su peso y desean mantener hábitos saludables. En un número creciente de organizaciones se utiliza el peer mentoring (mentoreo entre iguales) como una estructura de apoyo entre iguales.

De nuevo encontramos en las Escrituras este principio. En Santiago 5:16 leemos: "Por eso, confiésense unos a otros sus pecados, y oren unos por otros para que sean sanados. La oración del justo es poderosa y eficaz".

El libro de Eclesiastés insiste en este punto.

"Más vale dos que uno, porque el resultado puede ser mucho mejor. Si uno cae, el otro lo levanta; pero si el hombre solitario cae, su problema es grave. Además, en noche fría, dos bajo una frazada mutuamente se dan calor; pero ¿cómo se calentará el solitario? Y uno solo puede ser atacado y vencido, pero dos, espalda contra espalda, pueden resistir y triunfar; y tres son aún mejores, pues una cuerda de tres hilos no es fácil de romper". (Eclesiastés 4:9-12)

El aspecto que enfatizan estos dos pasajes bíblicos es la importancia de tener un contexto de apoyo, una comunidad que nos pueda acompañar en nuestros procesos de cambio.

Volvamos a la iglesia de la que hablábamos anteriormente. Los miembros de esta salieron con un paso práctico que querían llevar a cabo en su realidad cotidiana como resultado de la enseñanza recibida. Vuelven el domingo siguiente a la congregación y el pastor o maestro les indica que van a dedicar un tiempo en grupos pequeños a compartir qué progresos experimentaron en la decisión de aplicación que habían tomado. Estamos proveyendo refuerzo a la acción que se generó como consecuencia del descubrimiento del domingo anterior. Esto tomaría por sorpresa a muchas personas. Puede ser que un buen grupo de ellas ni siquiera hubieran pensado más en la decisión tomada. Pero si cada domingo se enfatizaran ambos puntos, es decir, la acción pidiendo pasos prácticos y el refuerzo por medio de compartir la aplicación, estaríamos generando un proceso de transformación.

Vas a encontrar muchas hojas de trabajo en este material. Tienen, precisamente, la función de ayudarte a hacer la transferencia de los descubrimientos a la acción. También te proveeré de un instrumento de refuerzo. Eso sí, será tu responsabilidad mantenerte íntegro en tus decisiones y poner en primer lugar lo primero.

Finalmente, quiero decirte que voy a poner a tu disposición ejemplos sacados de mi propia vida personal, voy a compartir contigo mis propias planificaciones personales en todos los ámbitos en los que me muevo. Lo hago a modo descriptivo –para ilustrar e inspirar– y no a modo prescriptivo –para copiar– ¡Vas a saber hacia dónde va mi vida en los próximos años y los secretos de mi liderazgo personal!

Vamos a ponerlo en práctica de forma inmediata. Escribe, en el espacio que te he provisto al respecto, un área de tu vida en la que deseas ver transformación y, por alguna razón, sientes que no lo estás consiguiendo.

_____

_____

_____

A continuación, piensa cuál o cuáles de los tres pasos de la fórmula transformacional están ausentes en tu experiencia:

D **Descubrimiento ( )**
A **Acción ( )**
R **Refuerzo ( )**

Bien, sigamos adelante, escribe en el espacio nuevamente provisto qué puedes hacer para incidir sobre el área o áreas que has identificado.

_____

_____

_____

CAMBIOS TÉCNICOS Y CAMBIOS ADAPTATIVOS

Vista la mecánica del cambio, es momento de entrar a hablar acerca de la psicología del mismo. La fórmula transformacional, como vimos, nos muestra los pasos que debemos dar si queremos asegurarnos de que el cambio se lleve a cabo. Como toda fórmula, parece simple, sencilla; más o menos difícil de llevar a cabo, pero realizable.

En su libro *La práctica del liderazgo adaptativo*, Heifetz, Grashow y Linsky hacen una distinción importante entre cambios técnicos y adaptativos.

Cambios técnicos

Estos exigen el aprendizaje e incorporación de nuevos conocimientos, habilidades y competencias. Pongamos, por ejemplo, aprender a pilotar un Airbus A380, el avión de pasajeros más grande del mundo. Puede implicar un increíble esfuerzo, sin embargo, todos los procedimientos, protocolos y procesos para el aprendizaje están perfectamente diseñados y, dependiendo de las capacidades de base del aprendiz y de su experiencia previa, podrían ser aprendidos e incorporados.

Cambios adaptativos

Por su parte, los adaptativos implican un cambio en el paradigma, los valores y las actitudes del aprendiz, y son, por lo general, mucho más difíciles de incorporar para las personas. Un cambio adaptativo, por ejemplo, sería pasar de un liderazgo personalista a otro compartido, en el que las decisiones son consensuadas y se admite que juntos vemos más que el líder en solitario, sin importar cuán calificado y experimentado sea este. No bastaría con que el líder tomara una capacitación sobre cómo incorporar a otros en la toma de decisiones. Podría hacerlo. Sin embargo, el cambio no sería sostenible en el tiempo a menos que hubiera un cambio en el paradigma que produce su estilo de liderazgo. Pero para llevar a cabo ese cambio, el líder debería afrontar un sentido de pérdida en su identidad y su rol lo cual puede ser difícil para él.

El gran reto consiste en distinguir cuándo nos enfrentamos a un cambio técnico y cuándo a uno adaptativo. Un mal diagnóstico puede llevar consigo una mala estrategia para afrontar el cambio. Con excesiva frecuencia se diagnostica mal, se confunde lo adaptativo con lo técnico y, consecuentemente, el cambio, como indicamos anteriormente, no es sostenible en el tiempo debido a que el paradigma, valores, mentalidades o actitudes que producen lo que se intenta cambiar han quedado intactos. Tal vez esta es una de las razones por las cuales cerca del 80% de los programas de formación dan poco resultado pasados unos meses, y las personas vuelven a las antiguas conductas. A pesar de ello, la tendencia es a continuar tratando como técnicos retos que son totalmente adaptativos. Es más fácil tomar una pastilla que cambiar un estilo de vida.

LOS CAMBIOS ADAPTATIVOS VAN A SER PERCIBIDOS POR EL SISTEMA INMUNOLÓGICO EMOCIONAL COMO POTENCIALES AMENAZAS.

En el cuadro que se muestra a continuación podemos ver el contraste entre cambios de un tipo y del otro.

Cambio técnico	Cambio adaptativo
Tomar medicación para bajar la presión sanguínea.	Cambiar el estilo de vida comiendo más saludable, haciendo ejercicio y descansando más.
Aumentar el número de comités y grupos de trabajo sobre diferentes temas de la iglesia o la organización, pero continuar dirigiéndolos todos.	Delegar junto con la responsabilidad la autoridad para poder tomar decisiones e implementarlas
Aumentar las multas y sanciones por la conducción bajo los efectos del alcohol o drogas.	Aumentar la sensibilidad de los conductores, especialmente adolescentes, sobre las consecuencias y peligros de conducir bajo los efectos del alcohol.
Vacunar a toda la población contra el VIH.	Cambiar los hábitos de riesgo que pueden propagar el contagio del VIH.
Asistir a un curso para aprender a delegar y supervisar de forma más eficaz y eficiente.	Trabajar mi inseguridad y creencia de que como líder debo tener todas las respuestas porque, en caso contrario, perdería autoridad y credibilidad ante mi equipo.

LA INMUNIDAD AL CAMBIO

Robert Kegan y Lisa Lahey, dos investigadores de la Universidad de Harvard, escribieron un libro llamado *Inmunity to Change*. En el mismo, los autores describen algo que es por todos bien sabido: el cuerpo humano tiene un sistema inmunológico que tiene como finalidad protegernos de las amenazas físicas que provienen del exterior. Por eso, cuando se produce una infección, el sistema se pone en marcha y la ataca con el propósito de mantener a salvo nuestro cuerpo. Desafortunadamente, el sistema inmunológico, en ocasiones, produce falsos positivos, es decir, identifica como una amenaza para el cuerpo algo que no lo es. Este es el origen de las enfermedades denominadas autoinmunes, en las cuales el organismo se ataca a sí mismo. Pero también puede considerar como una amenaza algo que puede salvar esa vida que el sistema pretende proteger. Es el caso de los trasplantes de órganos. El riñón, corazón o pulmón que es trasplantado para que la persona siga viviendo es identificado por el sistema inmunológico como una amenaza y, consecuentemente, lo ataca. Esta es la razón por la cual se han de utilizar depresores del sistema inmunológico a fin de que el órgano trasplantado pueda arraigar en el cuerpo.

Hasta aquí nada novedoso. Sin embargo, la aportación de Kegan y Lahey consiste en haber identificado que también tenemos un sistema inmunológico emocional. Este tiene la misma finalidad que el físico, es decir, proteger nuestro bienestar emocional e identificar todo tipo de amenazas que puedan atentar contra nuestra estabilidad emocional y nuestra identidad. Este sistema también puede producir falsos positivos, es decir, identificar como amenazas cosas que, contrariamente a como son percibidas, nos ayudarían a crecer y desarrollarnos; ser, en definitiva, una mejor versión de nosotros mismos.

Por lo general, todos los cambios adaptativos van a ser percibidos por el sistema inmunológico emocional como potenciales amenazas y, consecuentemente, serán boicoteados, saboteados y, de ser posible, abortados. El sistema inmunológico funciona con la falsa premisa de que si implementamos ese cambio algo malo nos puede pasar. Nuestra identidad se verá afectada, nuestra estabilidad emocional perturbada y, consecuentemente, eso no puede ser permitido. Pensemos en el ejemplo que antes he mencionado del líder personalista que acude a una capacitación acerca de cómo delegar y cómo involucrar más al equipo en la toma de decisiones. El líder entiende los principios que le han sido compartidos. Está de acuerdo con ellos porque ve el beneficio que pueden suponer para la organización. Mentalmente está comprometido con ese cambio, pero su sistema inmunológico se pone en estado de máxima alerta. Ese cambio de paradigma es una amenaza total para la identidad del líder, que se valida a través del control, del rol que tiene, del poder que ejerce, de la capacidad para hacer que sus ideas se ejecuten sin discusión. Si dejamos de controlar –argumenta el sistema inmunológico– algo malo nos va a pasar, dejaremos de tener poder e influencia, y no podemos permitirlo.

Si piensas en tu propia experiencia personal es posible que lo hayas experimentado o incluso que lo estés haciendo en este momento. Hay un cambio adaptativo que quieres llevar a cabo y tú mismo ¡sorprendentemente! estás boicoteando ese mismo cambio que deseas. Tu sistema inmunológico se ha conectado y está en pleno funcionamiento. Vas a ver que a lo largo de estas páginas te voy a proponer muchos cambios adaptativos. Los entenderás, verás el beneficio que te pueden aportar, la mejora que significarían para tu vida, ministerio y liderazgo. Y, a pesar de todo, te verás a ti mismo boicoteando y saboteando tus intentos de cambio.

Entonces, ¿cómo afrontamos los cambios adaptativos?, ¿cómo podemos llevarlos a cabo? Este tipo de cambio no surtirá efecto si tan solo pensamos que es una cuestión de voluntad y esfuerzo. Pero hay un proceso que nos puede ayudar a implementarlo.

El primer paso consiste en identificar el cambio adaptativo que deseamos llevar a cabo. Una buena manera de identificar un cambio adaptativo es tener en cuenta el hecho de que no podemos permitirnos el lujo de no implementarlo; el precio de no hacerlo sería demasiado alto.

Ejemplo:

- *Tomar decisiones sobre lo que hago o dejo de hacer a la luz de mi misión personal, y no en respuesta a cualquier oportunidad, al espejo social (lo que la gente quiere o valora) o a la gratificación que me produce.*

El segundo paso consiste en identificar cuáles serían las consecuencias de no ejecutar ese cambio adaptativo.

Ejemplo:

- *Saturación de actividades.Vivir reactivamente en vez de proactivamente.*

- *No respetar mis prioridades.*

- *No vivir acorde con mi misión, es decir, con mi contribución única y singular al Reino de Dios.*

- *Estrés, ansiedad, poco tiempo para la reflexión y el descanso.*

El tercer paso consiste en identificar cuáles son las conductas que podemos observar en nuestra vida que están ¡sorprendentemente! saboteando, torpedeando e impidiendo el cambio adaptativo que queremos introducir.

Ejemplo:

- *Aceptar invitaciones para hacer formaciones porque me permiten viajar, aunque los contenidos de estas no estén alineados con mi misión.*

- *No reservar tiempo para el liderazgo estratégico y pasarme la vida en el liderazgo operativo.*

- *No dedicar tiempo para la reflexión, el estudio y el descanso.*

- *Llevar una agenda carente de equilibrio.*

El cuarto paso consiste en identificar cuáles son los intereses ocultos detrás de esas conductas saboteadoras. La lógica es la siguiente: si yo estoy en contra del cambio adaptativo –tal y como lo muestran mis conductas– es porque estoy defendiendo o estoy a favor de otros intereses que permanecen ocultos. ¿Cuáles son?

Ejemplo:

- *No querer dejar de viajar y de estar presente en todo tipo de eventos que pueda.*

- *Estar presente significa que te tienen en cuenta, que puedes seguir teniendo influencia.*

- *Lo importante es hacer, aunque no esté en consonancia o alineado con lo que hago en mi misión.*

El quinto paso consiste en identificar qué miedos y/o falsas creencias hay detrás de esos intereses ocultos.

Ejemplo:

- *El miedo a que, si digo no a las cosas, aunque no estén alineadas con mi misión, la gente no me tendrá en cuenta en el futuro para otros eventos, formaciones, etc.*
- *El miedo a perder influencia.*
- *El miedo a ser irrelevante; la influencia me provee de autoestima, valor e identidad.*
- *El miedo a que si pierdo influencia pierda recursos económicos.*
- *El miedo a que, sin recursos económicos, me espere un futuro de privaciones.*

El sexto paso consiste en afrontar esos miedos y falsas creencias con la verdad de Dios acerca de mí y mi vida. Ya hemos visto anteriormente que la verdad nos hace libres. Mientras nuestra identidad y sentido de valor estén basados en el estatus, el poder, la influencia, el rol que ocupamos, el reconocimiento que obtenemos por medio del liderazgo, etc., no podremos llevar a cabo los cambios adaptativos porque estos serán considerados como una amenaza por nuestro sistema inmunológico emocional y boicoteados.

Ejemplo:

- *Hablo con Dios de mis miedos si llevo a cabo el cambio adaptativo, lo conozco y lo reconozco.*
- *Recuerdo lo que la Palabra dice acerca de mí y mi identidad.*
- *Doy pequeños pasos de fe para probarle a mi sistema inmunológico que nada malo pasa si hago cambios adaptativos.*

- *Reflexiono sobre los pasos de fe dados.*
- *Doy nuevos pasos de fe en base al aprendizaje obtenido.*

Esta es la razón por la que es importante entender no solo la mecánica del cambio, sino también la psicología de este, especialmente cuando hablamos de cambios adaptativos. Entender la dinámica del sistema inmunológico puede ayudarnos a entendernos a nosotros mismos, cómo reaccionamos y cómo gestionar nuestras reacciones.

TRANSICIÓN: LO QUE HEMOS VISTO Y LO QUE VAMOS A VER

En la sección anterior el tema central ha sido el cambio. Comenté la mecánica del cambio a través de la fórmula transformacional y sus componentes: descubrimiento seguido de la acción y el refuerzo que lleva a la transformación. Hablé sobre el hecho de que, con frecuencia, el cambio no se lleva a cabo debido a falta de acción y refuerzo.

Después comenté acerca de la psicología del cambio, y te introduje el tema del sistema inmunológico emocional y de qué modo puede impedir que el cambio se lleve a cabo, actuando bajo la premisa de que si lo permitimos algo malo nos va a pasar.

En la siguiente sección trataremos de enfocarnos en dos diferentes paradigmas de liderazgo, el del reloj y el de la brújula. También podrás identificar cuál de ellos es el que controla en estos momentos tu vida.

CAPÍTULO 3

DOS FORMAS DE ENTENDER EL LIDERAZGO

"ENFOQUE ES UNA CUESTIÓN DE DECIDIR QUÉ COSAS NO VAS A HACER". –JOHN CARMACK

¿Qué es lo realmente importante en tu vida? ¿Lo sabes, lo tienes identificado? Si tuvieras que pensar en las cosas que realmente son importantes, las más importantes, en tu vida, ¿cuáles serían?

Voy a pedirte que tomes un tiempo tranquilo y relajado para poder pensar seriamente en este asunto. Después, por favor, anótalas en el espacio provisto abajo y en orden de prioridad.

Primera:

_____

_____

_____

Segunda:

_____

_____

_____

Tercera:

_____

_____

_____

Ahora viene una pregunta difícil: ¿te sientes satisfecho con el tiempo que le dedicas a estas cosas? O, por el contrario, ¿te ves obligado a dedicarle el tiempo y, en definitiva, tu vida, a cosas que no están incluidas en las tres prioridades antes mencionadas? (piensa en la frase de B. Franklin que encontrarás a continuación).

No es infrecuente que se dé una contradicción entre aquello que identificamos como prioritario y la realidad hacia la que se va nuestro tiempo. Existe, en ocasiones, una brecha y, conforme pasa la vida, puede que no haga más que aumentar y aumentar.

La Biblia afirma que "donde esté tu tesoro, allí también estará tu corazón". Dicho de otro modo, donde se va tu tiempo, tu mayor cantidad de tiempo, allá están tus auténticas prioridades. Y si el tiempo, como decía Franklin, es vida, allá es donde se te está yendo la vida. No es inusual que las organizaciones y compañías tengan los valores enunciados –que suelen aparecer en algún lugar de las oficinas centrales, la página web y otros sitios estratégicos– y los valores reales –que son los que realmente mueven la organización– Muchas veces los segundos contradicen totalmente a los primeros.

Piensa al respecto. En la escala que tienes a continuación, siendo 1 el mínimo y 10 el máximo, anota tu grado de satisfacción con el tiempo que le estás dedicando a las cosas que has identificado como prioritarias. Por favor, sé honesto.

Primera prioridad

1 2 3 4 5 6 7 8 9 10

Segunda prioridad

1 2 3 4 5 6 7 8 9 10

Tercera prioridad

1 2 3 4 5 6 7 8 9 10

¿Qué te hacen pensar los resultados que has obtenido? Por favor, escribe tus comentarios.

_____

_____

_____

_____

_____

_____

_____

"La clave no es priorizar lo que hay en tu agenda, sino poner en tu agenda tus prioridades". –Steve Covey

DOS PARADIGMAS BÁSICOS DE LIDERAZGO PERSONAL

Fundamentalmente, existen dos paradigmas básicos del liderazgo personal. El primero está basado en el reloj, mientras que el segundo lo está en la brújula. Existe un contraste entre ambos y, si verdaderamente quieres optar por un nuevo paradigma de liderazgo personal, debes optar por la brújula.

El paradigma basado en el reloj

El reloj representa los compromisos, las citas, los horarios, las metas, las actividades, todo lo que hacemos con el tiempo y cómo lo administramos. Este paradigma parte de la premisa de que hay más cosas que hacer que tiempo disponible y, por tanto, nos vemos obligados a priorizar para ser más efectivos, tratar de hacer más cosas en menos tiempo. Este es el paradigma tradicional en el liderazgo personal.

El problema con este paradigma es que no nos informa sobre la calidad, lo adecuado o inadecuado de las cosas que hacemos; únicamente nos proporciona información acerca de la cantidad. Nos habla acerca de velocidad, pero no nos indica ninguna dirección. Podemos ir muy rápido en la dirección equivocada. Este paradigma se encuentra ante una determinada cantidad de cosas que deben llevarse a cabo y en un tiempo limitado. Funciona bajo la lógica de que hemos de hacer más cosas en el tiempo disponible, y que, si no llegamos a todas ellas, hemos de priorizar a cuáles dedicamos nuestro tiempo/vida. Pero vale la pena que lo repita, no hace juicios de valor sobre si esas cosas son las que verdaderamente deberíamos estar haciendo; las acepta sin crítica ni valoración, y se pone en marcha para conseguir lo máximo posible con los recursos disponibles.

El paradigma basado en la brújula

Contrariamente, la brújula representa nuestra misión, nuestra visión, nuestros valores, nuestros principios. Es decir, todo aquello que creemos que es importante y el modo en que dirigimos nuestras vidas.

Las brújulas siempre marcan el norte. Cuando una persona quiere orientarse, consulta su brújula, y aunque la aguja pueda oscilar de forma momentánea, siempre acabará alineándose con el norte. El uso de la brújula es especialmente importante cuando no existen accidentes físicos que puedan servirnos como puntos de referencia o cuando los fenómenos meteorológicos –lluvia intensa, nieve, niebla– nos impiden una orientación visual. La brújula, en ocasiones contra nuestro propio sentido común, siempre nos marca la dirección correcta.

Utiliza la brújula de forma intencional. A pesar de las indudables ventajas que la navegación por medio de los GPS ha aportado, estos sistemas, en determinadas situaciones, pueden fallar, y no solo dejar sin orientación a una persona o vehículo, sino incluso llevarlo en la dirección equivocada. Cuando todos los soportes y apoyos tecnológicos dejan de funcionar, la brújula y su orientación al norte siguen siendo una referencia segura. La revista Fondear, en un artículo de 2014 titulado, *¿Puede fallar el GPS?*, afirmaba lo siguiente:

Podemos entender que la señal recibida desde 20.000 kilómetros de un emisor de solo 25 vatios es realmente modesta. Es por ello que basta un pequeño y ruidoso "jammer" de poca potencia emitiendo en la frecuencia correcta para invalidar la recepción de GPS, o peor aún, ¡emitiendo una señal deliberadamente equivocada!

En 2011 el gobierno iraní consiguió hacer aterrizar y engañar a un avión no tripulado guiado por GPS, gracias a emitir señales falsas de GPS. Corea del Norte tiene como pasatiempo contaminar la señal GPS a sus vecinos de Corea del Sur. Durante 2012, un catedrático de la universidad de Austin en Texas consiguió engañar los sistemas de gobierno de un mega yate para que el piloto automático del yate quedara inutilizado y siguiera un rumbo diferente al establecido por el capitán, para lo cual se pidió el previo consentimiento al armador que estaba en conocimiento de esta prueba.

No hace falta ser un ciberdelincuente para lograr un sabotaje de este calibre. Un camionero de Nueva Jersey enchufó en la toma de mechero de su camión un dispositivo de 20 dólares, diseñado para conseguir privacidad en su teléfono móvil y que su jefe no pudiera conocer sus movimientos, consiguiendo con ello dejar inoperativos todos los sistemas de control y seguimiento aéreo del cercano aeropuerto de Newark, lo cual le supuso un susto de sirenas policiales y una considerable multa de 32.000 dólares.

En la vida cotidiana el paradigma de la brújula nos ayuda a mantener nuestro norte en medio de las urgencias, las presiones, las oportunidades, las fechas límite, el espejo social (lo que la sociedad proyecta como importante o adecuado), las contaminaciones de todo tipo y las urgencias y prioridades de los demás.

Este paradigma, como ya dije anteriormente, se basa en principios. La filosofía detrás del mismo es que tiene más importancia la meta hacia la que dirigimos nuestras vidas que la velocidad con la que lo hacemos.

PODEMOS SER MUY EFICIENTES EN EL LIDERAZGO DE NUESTRAS VIDAS Y, A LA VEZ, MUY POCO EFICACES.

Es más importante qué se hace y cómo se hace que cuánto se hace y la velocidad a la que se lleva a cabo.

Aquí radica la diferencia entre eficiencia y eficacia:

Eficacia es la capacidad de lograr el efecto que se desea o espera. Nos habla acerca de la dirección.

Eficiencia es el uso adecuado de los recursos. Nos habla de velocidad.

Es evidente que podemos ser muy eficientes en el liderazgo de nuestras vidas y, a la vez, muy poco eficaces, porque no estamos obteniendo los resultados que deseamos en nuestra vida. Lo adecuado, naturalmente, es cuando podemos tener la capacidad de aunar eficacia y eficiencia.

Pongo un ejemplo para tratar de ver la diferencia entre eficacia y eficiencia. Imagina por un momento que estás en Santiago de Chile y deseas ir en automóvil hacia Antofagasta, que está situada en el norte del país. Revisas tu vehículo, distribuyes bien el peso para lograr una mejor conducción y compruebas que los neumáticos estén con la presión adecuada para reducir el rozamiento. Además, te aseguras de llevar siempre una velocidad constante que optimice el gasto de combustible. Has sido muy eficiente, tremendamente eficiente, porque has usado bien los recursos disponibles. Pero, después tomas la carretera en dirección sur, hacia Temuco. Has sido totalmente ineficaz porque no has logrado el resultado esperado.

Siguiendo con la lógica del gran gurú del liderazgo Peter Drucker, el paradigma de la brújula nos marca las cosas que hay que hacer. No estoy quitándole valor a la eficiencia. Necesitamos ambas, eficacia y eficiencia; sin embargo, de nada sirve la segunda sin la primera y, naturalmente, cuando hemos identificado aquello que es realmente importante, hemos de movernos hacia ello con total eficiencia.

Mira la ilustración que encontrarás a continuación. Es una rueda de hámster. Personalmente, la veo como un ejemplo claro de lo que puede llegar a ser vivir bajo el paradigma del reloj y la eficiencia. En la rueda podemos trabajar arduamente para hacerla mucho más eficiente; podemos engrasarla mejor, reducir el rozamiento y de ese modo poder elevar la velocidad. Sin embargo, no nos llevará a ningún lado. Podemos tener una increíble sensación de velocidad, de adrenalina circulando por nuestro torrente sanguíneo, pero no nos llevará a ningún lado. Además, el peligro es que cuanto mayor sea la velocidad, más difícil será detenerse. Bajarnos de ella cuando estemos en marcha puede incluso resultar traumático y, por tanto, nos veremos obligados a seguir, aun teniendo la plena conciencia de que no nos lleva a ningún lugar.

LA BRECHA ENTRE LA BRÚJULA Y EL RELOJ

Nuestra lucha por colocar primero lo primero y liderarnos a nosotros mismos se caracteriza por la tensión que ejercen estos dos paradigmas sobre nosotros, la brújula y el reloj. No olvides que moverte hacia el paradigma de la brújula desde el del reloj es un cambio adaptativo, y ya sabes lo que sucede con este tipo de cambios; el sistema inmunológico emocional se activa y lo boicotea.

Hay una brecha entre el reloj y la brújula, y se manifiesta de diferentes formas:

> **Dolor:** No es infrecuente tener la sensación de vivir atrapados y controlados por otros o por las circunstancias que nos rodean. Nos pasamos la vida apagando fuegos, y tenemos un sentimiento de que otros viven la vida por nosotros. Sin embargo, estos momentos de lucidez no siempre son permanentes. Se dan con frecuencia en las fases agudas, en los tiempos de más tensión y crisis, pero cuando estos desaparecen, los síntomas pueden aliviarse.

Leve incomodidad: Nos vemos enfrentados entre lo que debemos hacer, lo que queremos hacer y lo que en realidad hacemos. El resultado: no disfrutamos de lo que hacemos.

Desorientación y confusión: En realidad no sabemos qué es lo más importante. Pasamos de una actividad a otra de forma mecánica y, de vez en cuando, solo de vez en cuando, tenemos momentos de lucidez y nos planteamos qué sentido tiene todo lo que hacemos.

Las llamadas de atención. Muchas personas pueden vivir continuamente con el piloto automático puesto, sin tener conciencia en la manera en que están invirtiendo su tiempo y, en definitiva, sus vidas. Sin embargo, en algunos momentos, las crisis nos enfrentan con nuestra realidad y la ponen de manifiesto. Mi esposa Sara y yo tenemos una frase que siempre usamos en nuestra vida personal y cuando capacitamos a otras personas: *"La realidad siempre es tu mejor amiga"*. Las crisis nos permiten ver la realidad tal y como es y, consecuentemente, nos permiten poder hacer algo al respecto, gestionarla, enfrentarla y cambiarla. Estas crisis nos dan pie, entre otras cosas, a darnos cuenta de que lo que hacemos con nuestro tiempo no se relaciona con lo que consideramos es lo más importante.

Esos momentos de crisis, esas "llamadas de atención" son muy importantes. Cuando se presentan, podemos responder de dos maneras diferentes:

1. Tratar de **identificar las causas profundas** y crónicas de nuestra situación.

2. **Recurrir a la aspirina** para obtener un alivio rápido y sintomático. Esto dejará intactas las causas profundas; sin embargo, nos permitirá recuperar las fuerzas para continuar haciendo cosas buenas. Este es el sentido equivocado de las vacaciones: recuperar todas las fuerzas posibles para poder seguir corriendo en la dirección equivocada.

TRANSICIÓN: LO QUE HEMOS VISTO Y LO QUE VAMOS A VER

En este breve capítulo comenté dos formas diferentes de acercarnos al liderazgo que representan dos paradigmas totalmente diferentes: el reloj, que nos habla de cantidad, velocidad y eficiencia, y la brújula, que, contrariamente, nos habla de calidad, dirección y eficacia. Diferenciamos entre eficacia y eficiencia y también vimos que, con frecuencia, existe una brecha entre aquello que identificamos como importante en nuestras vidas y a dónde se va realmente nuestro tiempo/vida.

En la siguiente sección, veremos que si queremos un cambio en los resultados que obtenemos en nuestra vida debemos identificar y cambiar los paradigmas que los producen. Como dice una popular frase atribuida a Albert Einstein: "Locura es hacer lo mismo una y otra vez y esperar resultados diferentes".

CAPÍTULO 4

UNA CUESTIÓN DE PARADIGMAS

> "DEL ESTADO DEL CORAZÓN DE UN HOMBRE PROCEDEN LAS CONDICIONES DE SU VIDA; SUS PENSAMIENTOS FLORECEN EN HECHOS Y SUS HECHOS SUSTENTAN SU CARÁCTER Y SU DESTINO". –JAMES ALLEN

Comprender nuestros paradigmas es fundamental, ya que son los mapas de nuestro corazón y nuestra mente. De ellos derivan nuestras actitudes, conductas y los resultados que obtenemos en la vida. Crean una dinámica de:

VER » HACER » OBTENER

La forma en que vemos la realidad, los lentes a través de los cuales la percibimos e interpretamos –nuestros paradigmas– determinan nuestros valores, nuestros no negociables, nos conducen a lo que hacemos –nuestras actitudes y conductas– y lo que hacemos nos lleva a los resultados que obtenemos en nuestras vidas.

El gráfico representado a continuación nos ayuda a percibirlo:

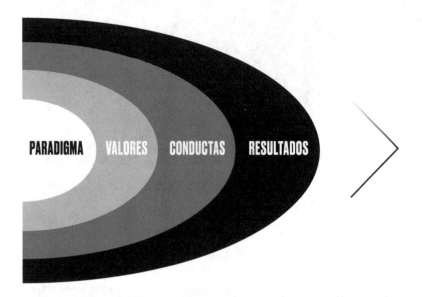

PARADIGMA **VALORES** **CONDUCTAS** **RESULTADOS**

Por tanto, si queremos generar un cambio considerable en los resultados, no basta con alterar actitudes y conductas, métodos o técnicas; necesitamos modificar los paradigmas de donde surgen.

En la Biblia, el Señor Jesús lo expresa de la siguiente manera:

¿Tampoco ustedes entienden? —le respondió Jesús—. Cualquier cosa que uno come pasa a través del aparato digestivo y se expulsa; pero el mal hablar brota de la suciedad del corazón y corrompe a la persona que así habla. Del corazón salen los malos pensamientos, los asesinatos, los adulterios, las fornicaciones, los robos, las mentiras y los chismes. Esto es lo que de veras corrompe. Pero uno no se corrompe por comer sin lavarse primero las manos. (Mateo 15:16–20)

El Maestro afirma que de nuestro corazón brotan nuestras conductas. En él radican nuestros paradigmas, nuestra forma de entender el mundo. Por tanto, si queremos cambios en nuestras conductas que sean permanentes y sostenibles a lo largo del tiempo, hemos de cambiar el corazón, los paradigmas que en él residen y que generan esas conductas. Por eso la Escritura hace tanto énfasis en el corazón, e indica con total claridad que de él brota la vida (Proverbios 4:23).

> **"No podemos resolver problemas usando el mismo tipo de pensamiento que usamos cuando los creamos". -Albert Einstein**

El cambio de una herramienta o método de planificación no altera los resultados que se obtienen en la vida, aunque la promesa implícita así lo afirme. Estamos ante un evidente diagnóstico equivocado, estamos afrontando como si fuera técnico un cambio que es totalmente adaptativo. No se trata de controlar más cosas de una forma más correcta o rápida, sino de cuestionar la toma de control. Nuevamente, el uso de novedosas o mejores técnicas de administración y gestión del tiempo no cuestionan el tipo de paradigma que usamos, simplemente nos hacen más eficientes en el uso de nuestro tiempo y recursos. Trabajan la superficie, pero no llegan a las raíces.

"Porque cual es su pensamiento en su corazón, tal es él". -Libro de Proverbios, La Biblia (RVR1960)

Por eso, necesitamos generar una nueva administración y liderazgo de la vida. Una administración y liderazgo que tenga que ver más con los paradigmas que nos orientan que con las herramientas que usamos en nuestro día a día. Podemos cambiar estas últimas y dejar totalmente intactos nuestros paradigmas. En definitiva, debemos movernos hacia una ruptura con las formas de pensar menos eficaces que generan, como no podría ser de otro modo, formas de obrar y de vivir menos eficaces. Las palabras del apóstol Pablo tienen relación al respecto cuando escribe:

Por eso, hermanos míos, ya que Dios es tan bueno con ustedes, les ruego que dediquen toda su vida a servirle y a hacer todo lo que a él le agrada. Así es como se le debe adorar. Y no vivan ya como vive todo el mundo. Al contrario, cambien de manera de ser y de pensar. Así podrán saber qué es lo que Dios quiere, es decir, todo lo que es bueno, agradable y perfecto. (Romanos 12:1-2 TLA)

NO SE TRATA DE CONTROLAR MÁS COSAS DE UNA FORMA MÁS CORRECTA O RÁPIDA, SINO DE CUESTIONAR LA TOMA DE CONTROL.

LOS RESULTADOS Y EL PARADIGMA QUE LOS PRODUCE

Te propongo que lleves a cabo un ejercicio. Los resultados que estás obteniendo en tu vida provienen de un determinado paradigma. En el cuadro que encontrarás a continuación te invito a que pienses en una de las áreas de tu vida (trabajo, familia, relación con Dios, estudios, etc.). Escribe en la columna correspondiente los resultados que estás obteniendo. Una vez hecho esto, piensa en cuál es el paradigma que los produce. A continuación, escribe los resultados que quisieras obtener y cuál sería el paradigma que los produciría. Aquí tienes un par de ejemplos; obsérvalos y después trabaja tu propia realidad.

Área de mi vida*	Resultados que obtengo	Paradigma que los produce	Resultados que quisiera obtener	Paradigma que los produciría
Administración del tiempo	• Agobio • Acumulación de trabajo • Trabajo bajo presión • No llego a todo • Incumplo compromisos • Poca calidad en mi trabajo • Comienzo la semana con sensación de ansiedad • Reacciono a cualquier estímulo que se me presenta	• Falta de prioridades claras • Incapacidad para decir no • Poco realista con mis capacidades • Deseo ser aprobado por los demás; por eso, respondo afirmativamente a todo lo que me piden • Incapacidad para delegar • Deseo probar a otros que sí es posible hacer las cosas	• Ser proactivo en vez de ser reactivo • No vivir bajo la presión del trabajo • Nunca comenzar el mes o la semana sin haber determinado claramente lo que quiero cumplir • Cumplir las metas que me he propuesto para la semana • Tener tiempo para dedicarlo al liderazgo estratégico	• El paradigma de la brújula y la eficacia
Familia	• Escaso tiempo de calidad con mi esposo/a • Escaso tiempo de calidad con mis hijos • Desconocimiento de las necesidades de mi familia • Sacrifico mi tiempo familiar cuando hay presiones de trabajo • Más centrado en mis necesidades que en las de mi familia	• El mismo que el punto anterior	• Tiempo de calidad con mi familia y mis hijos • Ser proactivo en discernir y atender las necesidades de mi familia • Dedicar tiempo intencional de calidad a mis nietos • No vivir tan centrado en mí mismo y mis necesidades. • Darle al trabajo el segundo lugar	• El paradigma de la brújula, poner primero lo primero

* (Trabajo, familia, vida personal, etc.)

Área de mi vida*	Resultados que obtengo	Paradigma que los produce	Resultados que quisiera obtener	Paradigma que los produciría

La conclusión, como puedes ver, es clara. No podemos obtener resultados diferentes haciendo las mismas cosas. Necesitamos un paradigma diferente que genere resultados distintos, es decir, un cambio adaptativo. Entonces, presta atención a tu sistema inmunológico.

ADICTOS A LO URGENTE

A la hora de tomar las decisiones acerca de cómo invertir nuestro tiempo, hay, según indica Steve Covey, dos factores primordiales que nos guían: la urgencia y la importancia. En su libro, *Primero lo primero*, Covey incorpora una sencilla prueba que ayuda a que una persona pueda medir su nivel de adicción a la urgencia. La reproduzco a continuación a fin de que tú mismo puedas medirte.

EVALUACIÓN DE ADICCIÓN A LO URGENTE

Señala con un círculo el número de la matriz que representa con mayor exactitud las conductas o actitudes normales referidas a los enunciados que aparecen a la izquierda (0 = nunca, 2 = algunas veces, 4 = siempre)

Parece que hago mejor mi trabajo bajo presión.
0 1 2 3 4

Con frecuencia culpo a las prisas y a la presión externa por no poder dedicar tiempo a una profunda introspección.
0 1 2 3 4

A menudo me siento frustrado por la lentitud de la gente y las cosas que me rodean. Odio esperar o hacer cola.
0 1 2 3 4

Me siento culpable si me tomo unos minutos de descanso.
0 1 2 3 4

Siempre corro de un lugar o situación a otro.
0 1 2 3 4

Con frecuencia descubro que despido a la gente para terminar yo un proyecto o tarea.
0 1 2 3 4

Siento ansiedad cuando no estoy en contacto con la oficina siquiera unos minutos.
0 1 2 3 4

A menudo, me preocupo por algo cuando estoy haciendo otra cosa.
0 1 2 3 4

Rindo al máximo cuando estoy en una situación de crisis.
0 1 2 3 4

El flujo de adrenalina debido a una nueva crisis me satisface más que la segura obtención de resultados a largo plazo.
0 1 2 3 4

En lugar de emplear el tiempo de calidad con personas importantes en mi vida, suelo destinarlo a solucionar situaciones de crisis.
0 1 2 3 4

Presumo que la gente comprenderá que la desilusione o no cumpla con ella cuando debo solucionar una crisis.
0 1 2 3 4

Cuento con solucionar una situación de crisis para que el día tenga significado y propósito.
0 1 2 3 4

Suelo desayunar o comer mientras trabajo
0 1 2 3 4

Persisto en la idea de que algún día haré en realidad lo que deseo.
0 1 2 3 4

Si la bandeja de cosas hechas de mi mesa está llena, siento que fue un día productivo.
0 1 2 3 4

Fuente: *First Things First*, Steve Covey

Paradigma de lo urgente, interpretación	
0 a 25	Baja predisposición mental a la urgencia.
26 a 45	Alta predisposición mental a la urgencia.
46+	Adicto a lo urgente.

Algunos de nosotros nos hemos acostumbrado tanto al flujo de la adrenalina que se descarga en las crisis que nos hemos vuelto totalmente dependientes de ellas para sentirnos con entusiasmo. Vivir bajo la presión de lo urgente y las crisis produce resultados instantáneos y una gratificación inmediata; sin embargo, es un terrible engaño. Se espera –es, de hecho, un valor social– que estemos ocupados y con exceso de trabajo. Esto, por extraño que parezca, es en muchos ambientes un símbolo de estatus social. Dicho de otra manera, si estamos ocupados somos importantes, nos otorga valor. Sin embargo, es una buena excusa para no tener que afrontar lo primordial en la vida. La adicción a lo urgente, como cualquier otro tipo de adicción, puede ser una conducta autodestructiva que llena de forma temporal el vacío que producen las necesidades internas no satisfechas. El problema no radica en la urgencia en sí, sino cuando esta es el **factor dominante** en nuestra vida; la importancia pierde valor y consideramos que lo urgente es "lo primero".

En *Primero lo primero*, Covey afirma:

"En realidad, muchas de las herramientas tradicionales de la metodología para administrar el tiempo fomentan la adicción. La diaria planificación y elaboración de listas de 'tareas que hay que cumplir' nos mantienen concentrados en priorizar y realizar solo lo urgente. Cuanta más urgencia tenemos, menor es la importancia de lo que hacemos".

LOS APARENTES BENEFICIOS DE LAS ADICCIONES

- Crean sensaciones predecibles y confiables.
- Se convierten en el principal punto de concentración y absorben la atención.
- Erradican el dolor y otras sensaciones negativas de forma temporal.
- Proporcionan un sentido artificial de autoestima, poder, control, seguridad, intimidad y realización.

- Agravan los sentimientos y problemas que intentan remediar.
- Empeoran el funcionamiento, ocasionan la pérdida de relaciones.

LA ENFERMEDAD DE LA PRISA

El autor John Mark Comer en su libro, *Elimina la prisa en tu vida*, habla sobre el tema de la urgencia y sus efectos adictivos. Es tan interesante lo que afirma que me ha parecido adecuado reproducirlo en su totalidad:

"Y no son solo los escritores espirituales de hace un siglo los que afirman que la velocidad de nuestra vida está fuera de control y es peligrosa. Cada vez son más los expertos que opinan. Psicólogos y profesionales de la salud mental ahora hablan de una epidemia del mundo moderno: 'La enfermedad de la prisa'. Algo que los expertos ya etiquetan como una enfermedad.

Aquí hay una definición:

Un patrón de comportamiento caracterizado por prisas y ansiedad continuas.

Aquí hay otra:

Un malestar en el que una persona se siente crónicamente sin tiempo, por lo que tiende a realizar cada tarea más rápido y a ponerse nerviosa cuando se encuentra con cualquier tipo de retraso.

Meyer Friedman, el cardiólogo que saltó a la fama por teorizar que las personas que están crónicamente enojadas y tienen prisa son más propensas a los ataques cardíacos, lo definió así:

'Una lucha continua y un intento incesante de lograr más y más cosas o participar en más y más eventos en cada vez menos tiempo.'

Friedman fue quien acuñó originalmente la frase 'enfermedad de la prisa' después de notar que la mayoría de sus pacientes con riesgo cardiovascular mostraban un agobiante sentido de urgencia con el tiempo. Lo más curioso de esto es que este médico escribió al respecto en los años cincuenta.

¿Cómo puedes saber si tienes esta nueva enfermedad? Es bastante sencillo. Rosemary Sword y Phili Zimbardo, autores de The Time Cure, ofrecen estos síntomas de la enfermedad de la prisa:

- *Pasar de una cola de pago a otra porque parece más corta o más rápida.*

- *Contar los automóviles delante nuestro y entrar en el carril que tiene menos o el que va más rápido.*

- *Multitarea hasta el punto de olvidar una de las tareas.*

Aquí están diez síntomas de la enfermedad de la prisa. Comprueba si el síntoma te parece verdadero:

1. ***Irritabilidad:*** *te enfadas, te frustras o simplemente te molestas con demasiada facilidad. Las cosas pequeñas y normales te irritan. La gente tiene que pasar de puntillas por tu negatividad constante de baja intensidad cuando no es ira. Un consejo para autodiagnosticarte: no mires cómo tratas a un colega o vecino, mira cómo tratas a las personas más cercanas a ti: tu cónyuge, tus hijos, tu compañero de cuarto, etc.*

2. ***Hipersensibilidad:*** *solo hace falta un pequeño comentario para herir tus sentimientos, un correo electrónico para ponerte malhumorado o para molestarte. Un pequeño giro de los acontecimientos te puede sumergir en un estado emocional que arruine tu día. Las cosas menores rápidamente se convierten en eventos emocionales importantes. Dependiendo de tu personalidad, esto puede manifestarse como ira, ser quisquilloso, ansiedad o depresión, o simplemente cansancio. El punto es que los problemas ordinarios de la vida de este lado del Paraíso tienen un efecto desproporcionado en tu bienestar emocional y gracia relacional.*

3. **Inquietud:** *cuando realmente tratas de reducir la velocidad y descansar no puedes relajarte. Le das una oportunidad al Sabbath y lo odias. Lees las Escrituras, pero las encuentras aburridas. Tienes tiempo de tranquilidad con Dios, pero no puedes enfocar tu mente. Te acuestas temprano, pero das vueltas y más vueltas con ansiedad. Ves la televisión, pero al mismo tiempo revisas tu móvil, doblas la ropa y te peleas en Twitter (bueno, tal vez solo respondes un correo electrónico). Tu mente y tu cuerpo están exaltados con la droga de la velocidad, y cuando no obtienen la próxima dosis de dopamina, se estremecen.*

4. **Adicción al trabajo:** *(o tan solo actividad continua): simplemente, no sabes cuándo parar. O peor aún, no puedes parar. Otra hora, otro día, otra semana. Tus drogas preferidas son la realización y la acumulación. Podrían manifestarse como luchar por tu carrera profesional o simplemente como limpieza obsesiva de la casa o hacer recados. Resultado: caes presa de la 'fatiga del atardecer', donde al final del día no tienes nada más para dar a tu cónyuge, hijos o seres queridos. Te ponen malhumorado, brusco, cansado, y no es bonito.*

5. **Entumecimiento emocional:** *simplemente no tienes la capacidad de sentir el dolor de otra persona. O tu propio dolor para el caso. La empatía es un sentimiento raro para ti. Simplemente no tienes tiempo para eso. Vives en esta especie de fuga constante.*

6. **Prioridades desordenadas:** *te sientes desconectado de tu identidad y vocación. Siempre estás absorbido por la tiranía de lo urgente, no lo importante. Tu vida es reactiva, no proactiva. Estás más ocupado que nunca, y sientes que no tienes tiempo para lo que realmente te importa. A menudo, pasan meses o años o –Dios no lo quiera– tal vez hayan pasado décadas, y te das cuenta de que todavía no has llegado a las cosas que dijiste que eran las más importantes de tu vida.*

7. **Falta de cuidado de tu cuerpo:** *no tienes tiempo para lo básico: ocho horas de sueño por noche, ejercicio diario,*

comida sana y casera, estimulantes mínimos, subes de peso. Te enfermas varias veces al año. Regularmente te despiertas cansado. No duermes bien. Vives a base de los cuatro jinetes del Apocalipsis alimentario industrializado: cafeína, azúcar, carbohidratos procesados y alcohol.

8. ***Comportamientos escapistas:*** *cuando estamos demasiado cansados para hacer lo que realmente da vida a nuestras almas, cada uno recurre a su escape preferido: comer en exceso, beber en exceso, ver Netflix en exceso, navegar por las redes sociales, navegar por la web, mirar pornografía. Nombra tu narcótico cultural preferido. Los narcóticos son buenos, incluso saludables, de forma ocasional y a corto plazo, cuando nos protegen de un dolor innecesario, pero cuando abusamos de ellos para escapar de la realidad, nos comen vivos. Te encuentras atrapado en el ciclo de retroalimentación negativa de las adicciones socialmente aceptables.*

9. ***Alejamiento de las disciplinas espirituales:*** *Si eres como yo, cuando estás demasiado ocupado, las cosas que realmente le dan vida a tu alma son las primeras en irse en lugar de ser las primeras en llegar, como, por ejemplo, un momento de tranquilidad en la mañana, las Escrituras, la oración, el guardar el día de descanso, el culto del domingo, una comida con tu comunidad, etc. Porque por irónico que parezca, las cosas que nos nutren emocional y espiritualmente requieren un poco de energía emocional y autodisciplina. Cuando estamos demasiado ocupados, nos cansamos demasiado, y cuando nos cansamos demasiado, no tenemos la energía o la disciplina para hacer lo que más necesitamos para nuestras almas. El ciclo comienza a alimentarse de su propia energía. Entonces, en lugar de vivir con Dios, nos conformamos con vivir con una suscripción a Netflix y una copa de vino tinto barato. Un sustituto muy pobre. No porque el tiempo desperdiciado en la televisión sea el gran Satán, sino porque frecuentemente terminamos viendo atracones de algo (o publicando en las redes sociales, o comiendo en exceso hamburguesas y papas fritas de cualquier cadena*

de hamburgueserías, etc.) y nos sentimos despiertos y vivos desde el alma hacia afuera, descansados, renovados y listos para un nuevo día. Retrasamos lo inevitable: un choque emocional. Y, como consecuencia, nos perdemos el sentido dador de vida del estar con Dios.

10. **Aislamiento:** *te sientes desconectado de Dios, de los demás y de tu propia alma. En esos raros momentos en los que realmente te detienes a orar (y por orar no me refiero a pedirle cosas a Dios; me refiero a sentarte con Dios en silencio), estás tan estresado y distraído que tu mente no puede calmarse el tiempo suficiente como para disfrutar de la compañía del Padre. Lo mismo con tus amigos: cuando estás con ellos, también estás con tu teléfono o a un millón de kilómetros de distancia en tu mente, repasando la lista de tareas pendientes. E incluso cuando estás solo, te encuentras cara a cara con el vacío de tu alma e inmediatamente regresas al ritmo familiar del ajetreo y de la distracción digital".*

TRANSICIÓN: LO QUE HEMOS VISTO Y LO QUE VAMOS A VER

En esta sección hemos visto que si queremos un cambio en los resultados que obtenemos en nuestra vida, debemos identificar y cambiar los paradigmas que los producen. El ejercicio propuesto nos mostró que detrás de unos resultados siempre, siempre, hay un paradigma. Vimos también la adicción a la urgencia, y pudimos evaluarnos y comprobar hasta qué punto es una realidad en nosotros.

A continuación, vamos a ver el modelo de los cuatro cuadrantes y, una vez más, lo podremos usar para hacer una evaluación de nuestra vida.

CAPÍTULO 5

LO IMPORTANTE

"NO HAY NADIE OCUPADO EN ESTE MUNDO, ES SIEMPRE UNA CUESTIÓN DE PRIORIDADES. SIEMPRE ENCONTRARÁS TIEMPO PARA LAS COSAS QUE SIENTES QUE SON IMPORTANTES". –AUTOR DESCONOCIDO

Al leer esta cita me di cuenta de que puede ser totalmente reversible. Me explicaré. Como ya mencioné anteriormente, no importa qué mencionemos como importante a nivel teórico; donde va nuestro tiempo, donde lo invertimos pone de manifiesto aquello que es importante y aquello que no lo es para nosotros. Mira por un momento tu agenda: donde se va tu tiempo, allí están ubicadas las cosas realmente significativas. El problema con las cosas importantes, es decir, aquellas que hace unas páginas identificaste como valiosas y relevantes para ti, es que no gritan, no tienden a presionarnos y, consecuentemente, pueden ser una y otra vez postergadas a menos que actuemos sobre ellas de forma proactiva, intencional y consciente.

Steve Covey ha desarrollado una matriz que nos ayuda a enfocar los temas en función de la urgencia y la importancia. Lo reproduzco a continuación. Explicaciones más extensas al respecto se pueden encontrar en su amplia literatura. Fundamentalmente habla de cuatro grandes cuadrantes.

El cuadrante I representa **lo urgente e importante**. Generalmente se trata de situaciones que nos trae la vida. Enfermedades, problemas graves con clientes, accidentes, fechas límite que se han de cumplir sí o sí, inspecciones fiscales y un largo etcétera de realidades, muchas veces inesperadas, que se han de encarar. También es cierto que este cuadrante, a menudo, se nutre de situaciones que se han vuelto urgentes porque en su día no les prestamos la suficiente y debida atención en el cuadrante II.

El cuadrante II nos habla de aquellas cosas que son **importantes, pero, sin embargo, no son urgentes**. Este es el cuadrante de la planificación y el liderazgo estratégico, de pensar y proyectarnos en el futuro. Lo es también de formarnos, cultivar nuestra vida personal, desarrollar nuestra relación con Dios, trabajar intencionalmente para que Cristo sea formado más y más en nuestras vidas. Es cuidar y nutrir a nuestras familias, afinar nuestras habilidades y capacidades, recrearnos, es decir, renovar nuestras fuerzas mentales, emocionales y espirituales. Es desarrollar relaciones personales de calidad que nos nutran. Lamentablemente, todas estas son cosas que "pueden esperar", que no gritan y que no generan alarma si las postergamos una y otra vez. Como indicaba anteriormente, no cuidar este cuadrante implica alimentar y nutrir el cuadrante I.

El cuadrante III incluye aquellas cosas que **son urgentes, sin embargo, no son importantes**. Este cuadrante grita fuerte, crea mucho ruido y, consecuentemente, llama constantemente nuestra atención. El ruido crea una falsa sensación de urgencia que exige nuestra atención y dedicación. Es fácil creer que lo urgente es lo importante. Nos engañamos pensando que haciendo muchas cosas somos importantes, pero en ocasiones sumergirse en lo urgente es simplemente una manera de huir de lo importante y no afrontarlo, es engañarnos a nosotros mismos. En este cuadrante también podemos incluir las prioridades de los demás. Con demasiada frecuencia aquello que es urgente e importante para los demás no lo es necesariamente para nosotros. Sin embargo, si somos personas complacientes fácilmente sucumbiremos a esas presiones de los demás.

El cuadrante IV es donde se agrupan aquellas cosas que **ni son urgentes ni tampoco son importantes**. Covey lo denomina el cuadrante de la pérdida de tiempo. Como en el cuadrante III lo cierto es que en ocasiones nos escapamos a este cuadrante para no tener que afrontar los desafíos del cuadrante II.

EL PROBLEMA CON LAS COSAS IMPORTANTES ES QUE NO GRITAN, NO TIENDEN A PRESIONARNOS Y PUEDEN SER UNA Y OTRA VEZ POSTERGADAS.

En el cuadro que encontrarás a continuación podrás ver algunos ejemplos de actividades de cada uno de los cuadrantes.

I Urgente e importante	II Importante pero no urgente
• Crisis	• Liderazgo estratégico
• Proyectos con fecha de vencimiento	• Prevención
• Problemas apremiantes	• Clarificación de valores
• Reuniones y preparaciones	• Planificación
• Urgencias familiares y profesionales	• Creación de relaciones significativas con personas
• Enfermedades, accidentes	• Cuidado de las relaciones familiares
	• Ocio auténtico, recreación
	• Cuidado de nuestra vida interior
	• Desarrollo de nuestra relación con dios
	• Crecimiento personal
III Urgente pero no importante	**IV Ni urgente ni importante**
• Interrupciones, llamadas telefónicas, correo electrónico, whatsapp	• Trivialidades, ajetreo
• Correspondencia, informes	• Facebook, twitter, instagram, tiktok, etc.
• Reuniones	• Correspondencia publicitaria
• Asuntos apremiantes e inmediatos	• Acciones que representan pérdida de tiempo
• Muchas actividades populares	• Actividades de "escape"
• Prioridades y presiones de los demás	• Consumo de plataformas digitales

Cuadrante I - Urgente e importante

- Cuando actuamos sobre este cuadrante aplicamos nuestra experiencia y capacidad de juicio para responder a las situaciones, necesidades y desafíos que la vida tanto personal como profesional nos plantea.

- Es cierto, sin embargo, y como ya se ha mencionado con anterioridad, que muchas cosas se convierten en urgentes porque las vamos postergando y postergando, es decir, procrastinando, o bien las hemos planificado de forma negligente o insuficiente

Cuadrante II - Importante pero no urgente

- Es el cuadrante de la calidad, donde planificamos a largo plazo y donde podemos anticipar y prever los problemas, retos y situaciones. En definitiva, es el cuadrante del liderazgo estratégico, como ya expliqué en el primero de los capítulos de este libro.

- Si pasamos por alto este cuadrante y no actuamos sobre él lo que sucede es que vamos nutriendo y ampliando el cuadrante I.

- Contrariamente, una buena preparación y planificación impide que muchas cosas acaben terminando en el cuadrante I.

- Este es el cuadrante de la productividad, de la brújula, de la efectividad.

- Es un cuadrante en el que hemos de ser intencionales y proactivos.

Cuadrante III - Urgente pero no importante

- Es el cuadrante del engaño. Como decía con anterioridad, el ruido de la urgencia crea una falsa sensación de importancia. Como en los accidentes, habitualmente el herido que más grita acostumbra a ser el menos grave.

- A menudo la importancia de estas cosas lo es únicamente para los demás; son sus prioridades, no las nuestras. Es debido a ello que pasamos mucho tiempo tratando de satisfacer las expectativas que otros tienen de nosotros.

- Es fácil confundir este cuadrante con el I.
- Hay una tendencia a confundir lo urgente con lo importante.
- Una forma rápida de diferenciar a qué cuadrante corresponde una actividad es ver si contribuye al logro de un objetivo importante.

Cuadrante IV - Ni urgente ni importante

- Es el cuadrante de la pérdida de tiempo.
- Redes sociales y plataformas de video serían algunos ejemplos. Échale un vistazo al cuadro informativo sobre el uso de los teléfonos celulares.
- A menudo nos refugiamos en este cuadrante para escapar de las tensiones que nos producen los otros cuadrantes y sus demandas.

"El problema es que el consumo de contenidos digitales puede degenerar en una adicción tan grave como cualquier otra. Nuestra fuerza de voluntad no tiene ninguna posibilidad contra el botón 'me gusta', aun admitiendo que tenemos un problema. La mayoría de nosotros nos engañamos. Los psicólogos señalan que la relación de la gran mayoría de los estadounidenses con sus teléfonos cae al menos en la categoría de 'compulsión': tenemos que revisar ese último texto, hacer clic en Instagram, abrir ese correo electrónico, etc. Hemos pasado de eso a la adicción total. Como dijo Tony Schwartz en su artículo de opinión para el New York Times: la adicción es el tirón implacable hacia una sustancia o una actividad que se vuelve tan compulsiva que finalmente interfiere con la vida cotidiana. Según esa definición, casi todas las personas que conozco son adictas en cierta medida a internet".

Adaptado de Elimina la prisa en tu vida, por John Mark Comer.

"Un estudio reciente encontró que el usuario promedio de iPhone toca su teléfono 2617 veces al día. Cada usuario está en su teléfono durante dos horas y media en setenta y seis sesiones. Y eso es para todos los usuarios de teléfonos inteligentes. Otro estudio sobre los millennials eleva el número al doble".

Julia Naftulin, *Here's How Many Times We Touch Our Phones Every Day*. Business Insider, 13 de julio de 2017.

Kari Paul, *Millennials Waste Five Hours a Day Doing This One Thing.*

No es excesivamente difícil de entender; cuanto más tiempo pasemos en la cuadrante II, más disminuiremos el tiempo que tenemos que pasar en los otros cuadrantes y menos invertiremos en apagar fuegos y atender a las urgencias de los demás que, con excesiva frecuencia, no son las nuestras. Sin embargo, el problema es que los otros cuadrantes son reactivos, es decir, nos obligan a actuar; por el contrario, el cuadrante II es totalmente proactivo, somos nosotros los que hemos de tener la iniciativa de actuar sobre él. Con los otros simplemente debemos dejarnos llevar por la corriente; con el II debemos ser intencionales y, nuevamente, estamos hablando de un cambio adaptativo. Ya sabes lo que sucede, se dispara el sistema inmunológico emocional.

Sin embargo, a pesar de ser tan obvio y de tanto sentido común, lo cierto es que la mayoría de nosotros no seguimos esa lógica. ¿A qué se debe? Leí algo interesante al respecto en un libro titulado *Being more productive*, publicado en 2017 por *Harvard Business Review*. En un capítulo que lleva por nombre *Making the most of "slow time"*, la autora, Lynda Cardwell, afirma lo siguiente:

Stephan Rechtschaffen, autor de Time shifting, cree que la respuesta tiene que ver con un proceso conocido como "arrastre", en el que una persona se vuelve casi psicológicamente adicta al ritmo de las tareas que lleva a cabo. "Al realizar tareas que no son urgentes ni importantes, sucede algo realmente interesante", observa Rechtschaffen. "El ritmo ambiental de la vida moderna es tan rápido que incluso en nuestro tiempo libre, en lugar de elegir actividades relajantes, tendemos a realizar aquellas que nos mantengan en ese ritmo rápido".

Por lo tanto, las actividades recreativas típicas del cuadrante IV tienden a ser cosas como mirar televisión (con sus cortes rápidos y anuncios de alta energía) o jugar videojuegos (en los cuales la acción se mueve muy rápido). "Una vez que estás en un ritmo, la tendencia es a mantener la sincronización con ese ritmo", dice Rechtschaffen. El resultado es que "en la vida moderna, las actividades de los cuadrantes I, III y IV están ocurriendo a altas frecuencias. Aunque la forma de reducir el número de crisis del cuadrante I en su vida es pasar más tiempo en el cuadrante II, las personas se resisten a ir allí porque su ritmo es muy diferente".

Para concentrarse en el trabajo que es importante pero no urgente, uno debe aprender a engranarse. Rechtschaffen recomienda programar tiempos específicos para tales tareas. "Dedico un tiempo para escribir. La regla básica es que, aunque en realidad no tengo que estar escribiendo durante este tiempo, no puedo hacer nada más. Me he dado cuenta de que, como estoy sentado allí sin escribir, me surgen sentimientos de culpa o inadecuación como escritor. Creo que esto les sucede a muchas personas que intentan hacer un trabajo importante pero no urgente: son reacios a enfrentar los sentimientos que surgen cuando disminuyen la velocidad. Los sentimientos nos secuestran; actúan como máquinas de movimiento perpetuo, impidiéndonos entrar cómodamente en la actividad. Entonces, en lugar de sentarnos con sentimientos de culpa o inadecuación, huimos a tareas de alta frecuencia. La única forma de salir de esta trampa –dice Rechtschaffen– es reconocer los sentimientos que surgen cuando intentas reducir la velocidad, para permitirles 'levantarse y luego caer como una ola'. Hacer una pausa después de terminar una tarea de alta frecuencia, y antes de comenzar el trabajo en el cuadrante II, puede ayudarnos a cambiar de marcha conscientemente –señala–, al igual que poner música lenta o clásica o dedicar unos minutos a ejercicios de respiración diseñados para promover la atención plena. No es tanto la gestión externa del tiempo lo importante, sino la gestión interna. El error fundamental radica en estar tan atrapado por un determinado ritmo que haga que nos sea imposible llevar a cabo las tareas que debemos hacer... de una forma plenamente consciente".

La vida contemporánea nos impone un ritmo cada vez más frenético, no únicamente en el trabajo, sino también en el ocio. Eso genera adrenalina y sensaciones conocidas y placenteras, altamente gratificantes, y que además nos proveen la sensación de estar haciendo y logrando mucho. Las actividades del cuadrante II necesitan y exigen un cambio de ritmo que, tal y como hemos leído, nos puede generar pánico, falta de control e insatisfacción. La transición de ritmos no es fácil, pero es imprescindible para movernos en ese cuadrante. Vuelvo a insistir, estamos hablando de un cambio de paradigma, y ya he explicado que esto puede poner en alerta al sistema inmunológico emocional que, sin duda, tratará de boicotearlo.

DÓNDE PASO MI SEMANA

"...pues donde esté tu tesoro, allí también estará tu corazón".
-La Biblia

Piensa en la semana pasada –salvo que fuera de vacaciones o anormal por cualquier razón– y haz una lista lo más exhaustiva posible de todas las actividades que realizaste, tanto a nivel personal como profesional. Después ubícalas según tu criterio en cada uno de los cuatro cuadrantes. Esto te dará una perspectiva gráfica de bajo qué paradigma estás viviendo.

Lista de actividades	
Personal	Profesional

Ubicación en los cuatro cuadrantes.

I Urgente e importante	II Importante pero no urgente
III Urgente pero no importante	IV Ni urgente ni importante

Ahora te animo a que puedas acercarte desde otra perspectiva. Cada semana tiene un total de 168 horas. Una cantidad democrática que a todos nos es dada por igual. Valdría la pena que, utilizando la tabla que tienes a continuación, pudieras desglosar de qué modo se van esas horas, en qué las estás invirtiendo.

Actividad	Horas invertidas

Tal vez los resultados de estas dos actividades –al igual que los de la evaluación de adicción a la urgencia– pueden haberte sorprendido o no. En cualquier caso, son un indicador de cuál o cuáles son los cuadrantes predominantes en tu vida, y te dan información acerca de tu realidad.

Vuelvo a mencionar el dicho que usamos mi esposa Sara y yo en nuestras formaciones: *"La realidad es siempre nuestra mejor amiga"*. Conocer la realidad, por dura que sea, siempre es una información valiosa porque nos permite reaccionar ante ella, nos da la posibilidad de hacer o dejar de hacer. Ignorarla, evitarla, esconder la cabeza, nos puede llevar a situaciones cada vez más complejas y, en ocasiones, hasta irreversibles. Recuerda lo que ya comenté anteriormente en este libro, *"lo que ignoramos nos controla, lo que conocemos lo podemos gestionar"*.

La urgencia es un analgésico que se utiliza con excesiva frecuencia. Nos permite un alivio temporal, pero enmascara y nos impide afrontar las causas crónicas de los problemas, las razones que generan el dolor y la tensión en nuestras vidas. En el mundo de la salud hay dos paradigmas totalmente diferentes, la prevención y el tratamiento. Lo interesante es que mucha de la medicina preventiva tiene que ver con los estilos de vida y los hábitos que hemos desarrollado. Muchas enfermedades podrían evitarse, curarse, o como mínimo ver sus síntomas aliviados con un simple cambio en nuestra forma de vivir. Sin embargo, en esto radica precisamente la dificultad: hemos de cambiar la manera en que afrontamos la vida y, muchas veces, preferimos la medicina curativa, aunque sea más drástica, más intrusiva y costosa. Llegamos a situaciones dolorosas o agudas que exigen una intervención directa y radical. En definitiva, se trata de hacer cambios adaptativos, y ya he explicado en varias ocasiones qué sucede con ellos.

Para finalizar este capítulo, quiero pedirte que, por favor, dediques unos minutos para visualizar el video: "Piedras Grandes, de Stephen Covey". En él, Steve explica muy bien la necesidad de llevar a cabo un cambio adaptativo, un cambio de paradigma, para poner en nuestras vidas primero lo primero. Te proveo a continuación de un espacio en blanco para que puedas escribir tus impresiones.

Mis impresiones sobre el video "Piedras Grandes", de Steve Covey

TRANSICIÓN: LO QUE HEMOS VISTO Y LO QUE VAMOS A VER

En esta sección hemos visto los cuatro cuadrantes en los que discurre nuestra vida cotidiana. También hemos tenido la oportunidad de pensar en nuestra semana modelo y en las actividades que habitualmente desarrollamos en ella, y cómo estas se distribuyen en los diferentes cuadrantes. El objetivo era tomar conciencia acerca de si estamos dedicando el tiempo adecuado al cuadrante II, el del liderazgo estratégico.

En los próximos capítulos vamos a introducir los pasos para poder tener un buen liderazgo personal y llegar a ser la mejor versión posible de nosotros mismos.

SEGUNDA PARTE

CAPÍTULO 6

LOS PASOS HACIA EL LIDERAZGO PERSONAL

"ORDEN Y SIMPLIFICACIÓN SON LOS PRIMEROS PASOS PARA OBTENER MAESTRÍA SOBRE CUALQUIER TEMA". -THOMAS MANN

Mi propuesta es poder utilizar nueve pasos que nos permitirán liderarnos a nosotros mismos. ¿Demasiados? No lo creo. Estos nueve pasos fluyen de manera natural, tienen un sentido de continuidad y nos conducirán a poder tener un sentido de control y dirección sobre nuestra propia vida. Seguirlos nos ayudará a construir un nuevo paradigma que, como mencioné anteriormente, nos permitirá ver las cosas de modo diferente, hacerlas de modo distinto y obtener resultados diferentes aumentando nuestra eficacia.

PASO 1: Determina tu misión

PASO 2: Identifica tus valores

PASO 3: Identifica tus roles

PASO 4: Establece una visión para cada rol

PASO 5: Aprende a establecer metas

PASO 6: Establece tus metas para cada rol para el próximo año

PASO 7: Diseña una semana modelo

PASO 8: Ejerce integridad

PASO 9: Evalúa

En las páginas siguientes iré desarrollando cada uno de estos pasos de forma lo suficientemente detallada –eso espero– para que puedas hacer tu propio proceso. Encontrarás hojas de trabajo para cada una de las etapas y también te proveeré de ejemplos de mi propio plan de liderazgo personal que te servirán de orientación para desarrollar el tuyo propio.

Antes, sin embargo, creo que sería bueno poder clarificar algunos conceptos que a menudo se prestan a confusión. A continuación, verás una imagen que trata de ilustrar la diferencia entre misión, visión, valores, metas y roles. Soy consciente de que en diferentes contextos estos términos pueden usarse de diferentes maneras, por eso he pensado que era necesario definir cómo los uso en este material a fin de que podamos tener un lenguaje común.

LA MISIÓN NUNCA CAMBIA, LOS VALORES ESENCIALES TAMPOCO. LA VISIÓN, LOS ROLES Y LAS METAS CAMBIAN A LO LARGO DEL TIEMPO.

Déjame explicarte los componentes de esta ilustración.

Verás que hay una línea que separa en dos la misma. En la parte superior encontrarás los valores y la misión encima de una línea que indica: "no cambia y no se completa". En la parte inferior encontrarás la visión, los roles y las metas.

Veamos la parte superior. Defino la **misión** como la razón de ser de mi existencia. El propósito para el cual Dios me ha creado, mi contribución única y singular al Reino de Dios. Es lo que me mueve a hacer lo que hago, lo que me guía y me dirige a la hora de tomar decisiones personales y profesionales de calado. Es algo tan grande que nunca llegará a alcanzarse, sin embargo, me motiva e inspira. Los **valores** son mis "no negociables", las reglas maestras que rigen mi comportamiento. La misión nunca cambia. Puede hacerlo la forma en que la expresamos a lo largo de nuestra vida personal, profesional y ministerial. Puede cambiar el cómo pero no el qué. Los valores esenciales, centrales, nucleares, tampoco lo hacen y conforme vamos haciéndonos mayores, más y más se van cristalizando. Es posible que sufran ligeros ajustes a lo largo de nuestra vida.

Veamos ahora la parte inferior. La **visión** es la imagen específica de un futuro deseado. Es lo que esperamos y queremos ver en un margen de tiempo específico. Se trata, por decirlo de alguna manera, de cómo vamos a aterrizar nuestra misión en un periodo de tiempo específico. Además, en la medida en que logramos nuestra visión estaremos cumpliendo y haciendo realidad nuestra misión. Los **roles** son los diferentes canales a través de los cuales se plasma nuestra misión y nuestra visión. Finalmente, las **metas** son las acciones específicas que hacen realidad la visión. Son los pasos que nos llevarán desde donde estamos en el presente hacia el cumplimiento de la visión.

La visión, los roles y las metas cambian a lo largo del tiempo.

TRANSICIÓN: LO QUE HEMOS VISTO Y LO QUE VAMOS A VER

Hasta aquí hemos visto los nueve pasos hacia el liderazgo personal: misión » valores » roles » visión » metas » semana modelo » integridad » evaluación. Algunos de ellos nunca cambian, aunque se puedan expresar de forma diferente en nuestra trayectoria vital. Otros, por el contrario, sí que lo harán, porque la vida es dinámica y nos puede forzar a llevar a cabo ajustes.

A continuación, nos centraremos en el primero de esos pasos: la misión. Veremos qué es, por qué es importante y cómo puedes descubrir tu propia misión personal.

CAPÍTULO 7

PASO 1: DETERMINA TU MISIÓN

"CADA PERSONA TIENE SU PROPIA Y ESPECÍFICA VOCACIÓN O MISIÓN EN LA VIDA; CADA PERSONA DEBE LLEVAR A CABO UNA TAREA QUE DEMANDA SU CUMPLIMIENTO. EN ESO, LA PERSONA NO PUEDE SER REEMPLAZADA, NO PUEDE SU VIDA SER REPETIDA. ASÍ PUES, LA TAREA DE CADA PERSONA ES SINGULAR, COMO LO ES SU OPORTUNIDAD ESPECÍFICA DE LLEVARLA A CABO". –VIKTOR FRANKL

Misión Personal de Félix Ortiz

Ser, de parte de Dios, un agente de transformación de este mundo, ayudando a las personas y organizaciones a desarrollar todo su potencial, comenzando por mi esposa, mis hijos y así sucesivamente, en todos mis círculos de influencia.

Esta es mi declaración personal de misión. Es la razón de ser de mi existencia. Es el propósito para el cual el Señor me ha creado. Es mi contribución singular al Reino de Dios. Es lo que me mueve a hacer lo que hago, lo que me guía y me dirige a la hora de tomar decisiones personales y profesionales de importancia. Esto hace concreta en mi vida la promesa de Salmos 138:8: *"El Señor cumplirá sus planes para mi vida. Porque tu gran amor, Señor, es para siempre. No me abandones, pues tú me hiciste".*

La misión ha sido definida como la razón permanente de nuestra existencia, el motivo para el cual existimos, para el cual el Señor nos ha creado. De hecho, la misión es algo que nunca alcanzamos en su totalidad; sin embargo, siempre está ahí motivándonos e inspirándonos. La misión es nuestro norte. Alguien dijo que las utopías nunca se alcanzan. Y creo que lo mismo sucede con la misión. Sin embargo, nos ayudan e inspiran a seguir moviéndonos en la dirección correcta. El apóstol Pablo afirmaba que no lo había conseguido todavía; sin embargo, proseguía hacia adelante. Piensa en mi propia misión personal. Nunca la llegaré a completar. Siempre habrá más personas y organizaciones a las que ayudar. Yo solo podré hacerlo con unas pocas y, además, lo haré de formas diferentes a lo largo de mi trayectoria vital. Pero es el norte que me orienta, hacia el que me muevo, el que me sirve de referencia cuando tomo las decisiones de la vida. Tal vez la palabra vocación o llamamiento tengan más sentido para ti. No importa el término que usemos sino la realidad que estamos describiendo.

La misión es básica y fundamental para las organizaciones. *Harvard Business Review* indicaba que para una compañía es "el polo norte magnético, el punto de enfoque para ese negocio. Todo lo que la compañía hace debe enfocarse en esa dirección". Esto es válido también para los individuos, las iglesias y los ministerios. Toda iglesia tiene una misión clara y definida: el cumplimiento de la Gran Comisión. Todo ministerio cristiano nace con un propósito, una razón de ser, una necesidad que cubrir, un llamado al que responder.

Steve Covey, al escribir sobre ella, dice: "Fundamentalmente, tu declaración de misión se convierte en tu constitución, una sólida expresión de tu visión y tus valores. Se convierte en el criterio por medio del cual evalúas todo lo demás en tu vida". En este sentido podemos afirmar que es una declaración personal de propósito.

En nuestra misión reflejamos el tipo de persona que queremos ser, y al mismo tiempo la contribución que queremos hacer al Reino de Dios, a la vida, al mundo, a la sociedad. Porque toda misión siempre implica una contribución al Reino, al mundo.

LA MISIÓN ES EL MOTIVO PARA EL CUAL EXISTIMOS, PARA EL CUAL EL SEÑOR NOS HA CREADO.

En la literatura sobre liderazgo más reciente se la ha denominado también "sentido de propósito", que provee a las personas con un útil y valioso sentido de estructura y dirección para sus vidas. Algo que tiene el beneficio añadido de generar y aumentar la resiliencia de las personas. Fíjate en estas dos citas; la primera corresponde a un profesor de la Universidad de Harvard; la segunda a uno de los activistas sociales más importantes de los Estados Unidos y con influencia mundial:

Para ti como líder, tu propósito (misión) es la manera en que traduces tu verdadero norte para hacer una diferencia en este mundo. Para tu organización, el propósito es la fuerza motivadora que vincula y reúne a las personas para mover la organización hacia metas comunes. Para la sociedad, es la manera en que los líderes y las organizaciones contribuyen para que todo el mundo pueda tener mejores vidas. –Bill George

Tu vocación (misión), que proviene del término latino vocatio, es donde el clamor de las necesidades de este mundo converge con tus dones. En vez de buscar oportunidades para ascender, pregúntate qué has sido llamado a ser. Si tu vocación es tan solo una actividad extracurricular, estás en dificultades. La diferencia entre una carrera y una vocación es central para tu liderazgo. Tu liderazgo es lo que llevas a cabo cada día en tu trabajo y en tus relaciones. –Jim Wallis

Víctor Frankl tenía la creencia –que comparto– que la misión, más que crearse, se descubre. La misión es aquello que realmente te hace vibrar. Aquello que cuando lo llevas a cabo, lo haces bien, con calidad y excelencia y, además, disfrutas en el proceso de hacerlo, te energiza. Podemos afirmar que cuando estamos actuando en base a nuestra misión experimentamos todo lo anterior, bendecimos al pueblo de Dios y al mundo y, además, sentimos claramente el respaldo del Señor. Puede cansarte física y mentalmente, ¡por supuesto! Pero es un cansancio lleno de plenitud y satisfacción, como el del corredor de fondo que ha culminado la maratón. Hay cosas que las podemos hacer bien, con calidad, incluso con excelencia, sin embargo, no nos producen esa satisfacción que proviene de actuar alineados con nuestra misión.

Cuando llevamos a cabo nuestra misión, el tiempo parece volar, la energía fluye y disfrutamos en el proceso, aunque sea un desafío y pueda generar una ansiedad saludable. Es algo que haríamos aun cuando no nos pagaran por ello (aunque todos tengamos esa mala costumbre de comer varias veces al día) porque nos produce una auténtica satisfacción y realización. Podemos hacerlo incluso aunque otros se lleven el mérito de nuestro trabajo, porque nosotros, al hacerlo, al llevarlo a cabo, nos realizamos y hacemos aquello para lo que sentimos que hemos sido diseñados de parte de Dios. Experimentamos gozo. Pero además, la misión no únicamente nos produce una honda satisfacción cuando la llevamos a cabo, sino que vemos que produce un impacto en los demás.

Cuando miramos nuestra vida en perspectiva, es muy posible que nos demos cuenta de que siempre ha estado allí, que siempre ha habido trazos, huellas, evidencias de ella. Que siempre ha habido cosas que nos han hecho vibrar, nos hemos sentido a gusto haciéndolas, y han sido de bendición y beneficio para otros que han reconocido en nosotros una capacidad especial.

Buford, en su libro antes citado, indica que allá donde convergen nuestra pasión y nuestras destrezas, allá está nuestra misión.

> **"Los dos días más importantes de tu vida son el día que naces y el día que descubres para qué". –Mark Twain**

Si busco una imagen que me ayude a entender el sentido y valor de la declaración de misión, viene a mi mente el faro. Este es un punto de referencia para la navegación. Ayuda a determinar la propia posición y aquella hacia la cual uno se dirige, evita desviarse y alerta de los peligros de seguir una ruta de navegación equivocada.

Hay tres maneras prácticas en las que una clara declaración de misión puede servirte de guía en el desarrollo de tu carrera profesional y ministerial:

La primera es **al comenzar la misma.** Tener claramente definido quién es uno y qué contribución desea hacer nos permite saber en qué dirección debemos orientar nuestra carrera profesional y ministerial. La misión nos permite comparar los valores de las empresas y organizaciones con los nuestros propios y ver si podremos encajar en las mismas. También nos permite valorar qué ofertas de trabajo u oportunidades ministeriales estarán en línea con lo que hemos identificado como nuestra razón permanente de ser.

La segunda es en **momentos de encrucijada.** Cuando en medio de nuestra carrera surgen nuevas ofertas que pueden resultar tentadoras tanto ministerial como profesionalmente, con ventajas promocionales y económicas, pero que no necesariamente están en línea con nuestra misión, no van a contribuir a la misma, e incluso pueden desviarnos de ella. La misión nos dará claridad acerca de qué camino tomar y cómo alinearnos.

Finalmente, cuando estamos en **momentos de transición** en nuestras vidas. Romano Guardini afirmaba que en la primera mitad de nuestra vida estamos más preocupados con el hacer, mientras que en la segunda nos centramos más en el ser. Los momentos de transición personal –no el simple cambio de empleo– pueden ser mucho mejor aprovechados y se pueden obtener mejores resultados cuando se desarrolla una declaración de misión que nos sirva de mapa, de guía, de faro en la nueva etapa.

Hay un dicho, cuyo autor no puedo recordar, que afirma: *primero definamos el puerto, después ya buscaremos los vientos.* Creo que tiene mucho sentido; primero definamos quiénes somos y qué contribución deseamos hacer, después será más fácil discernir cómo lo haremos.

Actualmente vivimos en lo que se ha venido a denominar un entorno VUCA. Este es un acrónimo que responde a los términos en inglés *volatility, uncertainty, complexity* y *ambiguity.* Este término fue acuñado por el ejército de los Estados Unidos para definir el mundo después de la caída del muro de Berlín y, especialmente, después de los atentados contra las torres gemelas de Nueva York. El enemigo ya no estaba claro y definido como lo había sido en la época de la guerra fría; podía encontrarse en cualquier lugar, atacar en cualquier momento y usando cualquier medio. El enemigo, como tristemente lo han demostrado los episodios de terrorismo en Europa y otros países, está en casa. Posteriormente el término pasó al mundo de los negocios, ya que eran evidentes las similitudes con el entorno económico en un mundo globalizado, digitalizado y en constante integración.

Veamos por un momento cada uno de los componentes de VUCA.

Volatilidad define un entorno sujeto a un cambio constante, rápido y fruto de incontables interconexiones que imposibilitan su previsibilidad. El cambio se produce cada vez más rápido, de forma más extensa y en todas las dimensiones de la realidad. Consecuentemente, vivimos una increíble inestabilidad e incapacidad para prever. Piensa, a modo de ejemplo, en la rápida y continua evolución de los teléfonos móviles o celulares. El teléfono inteligente que posees hoy tiene muchísima más capacidad de computación que los computadores que llevaron la expedición del Apolo XI a la luna en el año 1969.

Incertidumbre define un entorno donde no es posible predecir el futuro con precisión. No importa cuánta información tengamos, la realidad está tan interconectada que no es posible predecir los acontecimientos con precisión. Las realidades pasadas no nos sirven necesariamente para estimar cómo evolucionarán en el futuro. Acontecimientos como los acuerdos de paz en Colombia, el cambio de constitución en Chile, la guerra de Ucrania o la salida del Reino Unido de la Unión Europea son ejemplos de incertidumbre.

Complejidad define un entorno donde los retos se complican por múltiples variables que están interconectadas entre sí de formas que no pueden preverse. Cuando llevamos a cabo un "input" no tenemos la más mínima idea de cuál será el "output" resultante del mismo. Muchas veces hay confusión entre el término complicado y complejo. Un Airbus 380 es una gigantesca y complicada máquina, sin embargo, todo en ella tiene una relación causa y efecto. Cualquier defecto puede ser trazado, identificado, arreglado o sustituido. El cerebro, el ser humano, el clima y la economía son complejos, no sujetos a la lógica de las máquinas, y no siempre es posible averiguar cuáles son las causas y los efectos y cómo se conectan entre ellos.

Ambigüedad define un entorno donde hay poca claridad en el significado de los eventos y en el impacto que tendrán. Confusión, difícil interpretación y múltiples significados son característicos. La realidad puede ser interpretada de diferentes maneras; en ocasiones son contradictorias, pero todas ellas son posibles.

En este tipo de entorno VUCA la misión, y como veremos más adelante, la visión, resultan imprescindibles para poder navegar las aguas del cambio constante, la incertidumbre, la complejidad y la ambigüedad. La misión supondrá para nosotros un anclaje, un centro de gravedad que nos permitirá cambiar según las necesidades sin dejar de ser fieles a nosotros mismos.

Covey habla también de las ganancias intangibles que produce una declaración de misión: un profundo sentido de plenitud, desarrollo y satisfacción con nuestra vida, al estar haciendo aquello que es nuestra razón de ser, aquello para lo cual hemos sido creados por Dios.

Cooper, Flint-Taylor y Pearn en su libro *Building Resilience for Success*, indican que tener un sentido de misión es uno de los mayores contribuyentes al bienestar general de la persona. En ausencia de esta, las personas pueden tener la tendencia a que sus vidas vayan a la deriva y sin sentido, algo que, entre otras cosas, daña su resiliencia. Estos mismos autores indican que es algo largamente establecido que un claro sentido de misión es un factor determinante en inspirar, motivar y proveer a las personas de energía para tener éxito, a menudo, contra todo pronóstico. Esto ha sido confirmado en un sinnúmero de estudios acerca del éxito de las organizaciones y personas por igual.

Si vuelves nuevamente a mi declaración personal de misión, verás que indica cuál es mi razón de ser, la contribución que deseo hacer y el ámbito en el que quiero aplicarla.

La consultora McKinsey publicó en octubre de 2020, a raíz de la epidemia de COVID19, un artículo sobre el impacto de tener un sentido de misión en la vida, tanto en las personas como en las organizaciones. En el cuadro que aparece a continuación se reproduce la introducción del mismo, ya que nos ofrece una información muy significativa.

En estos tiempos estresantes y surrealistas es comprensible que los directores ejecutivos se concentren en las prioridades corporativas urgentes a expensas de consideraciones personales más intangibles. ¿Qué importancia tiene hacer que su gente piense en su "propósito en la vida" ahora mismo, cuando está preocupado por su bienestar, sin mencionar la supervivencia corporativa?

Es más importante de lo que cree. Durante tiempos de crisis, el propósito individual puede ser una guía que ayude a las personas a enfrentar las incertidumbres y navegarlas mejor, y así mitigar los efectos dañinos del estrés a largo plazo. Las personas que tienen un sentido fuerte de propósito tienden a ser más resilientes y exhiben una mejor recuperación ante eventos negativos. De hecho, nuestra investigación realizada durante la pandemia encuentra que al comparar a las personas que dicen que están "viviendo su propósito" en el trabajo con las que dicen que no lo están, los primeros reportan niveles de bienestar cinco veces más altos que los segundos. Además, aquellos en el primer grupo tienen cuatro veces más probabilidades de reportar niveles más altos de participación.

Las personas con propósito también viven vidas más largas y saludables. Un estudio longitudinal encontró que un solo aumento de la desviación estándar en el propósito disminuyó el riesgo de morir durante la próxima década en un 15 por ciento, un hallazgo que se mantuvo, independientemente de la edad a la que las personas identificaron su propósito. Del mismo modo, el proyecto Rush Memory and Aging, que comenzó en 1997, encuentra que al comparar a los pacientes que dicen tener un propósito con aquellos que dicen no tenerlo, los primeros presentan:

- 2.5 veces más probabilidad de estar libres de demencia.

- 22 por ciento menos probabilidad de presentar factores de riesgo de accidente cerebrovascular.

- 52 por ciento menos probabilidad de haber experimentado un accidente cerebrovascular.

Y como si esto no fuera suficiente, el propósito individual también beneficia a las organizaciones. El propósito puede ser un factor importante para la experiencia de los empleados, que a su vez está vinculado a niveles más altos de compromiso de estos, un compromiso organizacional más fuerte y una mayor sensación de bienestar.

Las personas que encuentran su propósito individual congruente con sus trabajos tienden a obtener más significado de sus roles, haciéndolas más productivas y propensas a un desempeño superior a sus compañeros. Nuestra propia investigación encuentra una correlación positiva entre la determinación de los empleados y el margen de beneficios de su empresa.

DECLARACIONES DE MISIÓN DE ALGUNOS LÍDERES Y ORGANIZACIONES

"Proclamar el Evangelio del Señor Jesucristo a todos los que podamos por todos los medios efectivos disponibles". –Billy Graham

"Que cada niño y niña viva en toda su plenitud; nuestra oración para cada corazón, la voluntad para hacerlo posible". –World Vision

"El propósito de Especialidades 625 es ofrecer los mejores recursos a quienes trabajan en el discipulado de la nueva generación desde los 6 hasta los 25 años". –e625

"El Curso Alpha se crea para delinear los principios básicos de la fe cristiana en los que todas las denominaciones están de acuerdo". –Cursos Alpha

"Animar a otros a dar un paso más cerca de Jesucristo". –Max Lucado

"Liberar a los niños de la pobreza económica, física, social y espiritual, ayudándoles a convertirse en adultos responsables". –Compassion International

ESCRIBE TU DECLARACIÓN DE MISIÓN

_____

_____

_____

_____

_____

A la hora de escribir tu declaración de misión es importante tener el fin a la vista. No solemos darle la necesaria importancia a definir con claridad qué deseamos haber obtenido al final de nuestras vidas y, consecuentemente, vivir el día a día a la luz de ello. Al no tener el fin a la vista no tenemos los criterios necesarios para discernir si lo que hacemos o dejamos de hacer nos acerca o, por el contrario, nos aleja de ese fin deseado.

Michael Gerber en su libro _The E-Myth Revisited_ habla acerca de la aplicación de este principio:

Me gustaría que imaginaras que estás a punto de asistir a uno de los más importantes eventos de tu vida. Tendrá lugar en una sala lo suficientemente grande para que puedan caber tus amigos, tu familia, tus compañeros de trabajo. Todas y cada

una de las personas para las cuales eres importante y ellas son importantes para ti.

¿Puedes verlo?

Las paredes están revestidas de tapizados dorados. La iluminación es tenue, suave, proyecta un suave reflejo en las caras de tus expectantes huéspedes. Las sillas están elegantemente tapizadas con un tejido dorado que hace juego con las paredes. La dorada moqueta es tupida.

Al frente de la sala hay una tarima y en la misma una mesa grande bellamente decorada en ambos extremos con velas que están encendidas.

En la mesa, en el centro, está el objeto de la atención de todos los presentes. Una caja, brillante y decorada. Y en la caja estás... ¡tú!

¿Puedes verte a ti mismo en la caja, y ni un solo ojo seco en la sala?

Ahora escucha.

De aquí surge una importante pregunta: ¿qué dirán de ti el día de tu funeral? ¿Qué te gustaría que dijeran de ti?

Por favor, usa el espacio provisto a continuación para escribirlo:

Tu familia

Tus amigos

Tus compañeros de trabajo

La sociedad

Hay personas que cuando desaparezcan su ausencia pasará inadvertida. Otras serán una pérdida para todos sus círculos de relación e influencia. En el caso de otras, finalmente, su desaparición será todo un alivio.

La finalidad de este ejercicio era ayudarte a reflexionar acerca de qué deseas haber conseguido al final de tu vida, qué contribución, qué impacto y qué legado habrás dejado. Habiéndolo podido definir tendrás más discernimiento y claridad para poder comenzar el trabajo de clarificar y escribir tu declaración de misión.

Hay dos maneras en que puedes hacerlo. La primera es usando una herramienta en línea provista por la organización de Steve Covey. Lamentablemente, está únicamente disponible en inglés; sin embargo, si el idioma no es para ti un problema, te guiará paso a paso para poder desarrollar tu misión personal. Visita la página "Personal Mission Statement Builder" de Franklin Covey y comienza el proceso.

La segunda manera es seguir los pasos que encontrarás a continuación y que son similares a los que hallarás en la herramienta en línea antes mencionada, ya que están, asimismo, inspirados en el trabajo de Covey.

En ambos casos, al final del proceso encontrarás un espacio para escribir tu propia declaración de misión.

Contesta tranquila y reposadamente a las siguientes preguntas:

¿Cuáles son, en mi sentir, mis mejores cualidades?

_____

_____

_____

¿Qué buenas cualidades me atribuyen las personas que me conocen bien?

_____

_____

_____

Cuando sueño despierto, ¿qué me veo haciendo?

_____

_____

_____

De todas mis actividades, ¿cuáles son las que me dan una profunda satisfacción?

_____

_____

_____

¿Cuáles son las cualidades de carácter que más admiro en otras personas?

_____

_____

_____

¿Qué persona, más que ninguna otra, ha ejercido una influencia beneficiosa en mi vida?

_____

_____

_____

¿Por qué esa persona tuvo esa influencia tan importante?

_____

_____

_____

¿Cuáles han sido los momentos más felices de mi vida?

_____

_____

_____

¿Por qué fueron felices esos momentos?

_____

_____

_____

Si tuvieras tiempo y recursos ilimitados, ¿qué elegirías hacer?

_____

_____

_____

¿Cuáles son las tres o cuatro cosas que considero más importantes?

_____

_____

_____

Cuando pienso en mi trabajo, ¿qué actividades me parecen más valiosas?

_____

_____

_____

Cuando pienso en mi vida personal, ¿qué actividades me parecen más valiosas?

_____

_____

_____

¿Qué podría hacer en beneficio de los demás?

_____

_____

_____

¿Qué talentos y dones poseo que los demás ignoran?

_____

_____

_____

Aunque antes de ahora haya descartado muchas veces esos pensamientos por diversas razones, ¿hay cosas que creo que debería hacer? ¿Cuáles son?

¿Cuáles son mis necesidades y capacidades físicas?

¿Cuáles son los roles más importantes de mi vida? (por ejemplo: esposo/esposa, padre/madre, hijo, pastor, médico, oficinista, etc.).

En cada uno de esos roles, ¿cuáles son las metas más importantes que deseo alcanzar en cada uno de ellos?

De los resultados que obtengo actualmente en la vida, ¿cuáles me agradan?

¿Qué paradigmas determinan estos resultados? Es decir, ¿qué es lo que hace que estas cosas me agraden? ¿Cuáles son los valores subyacentes?

De los resultados que obtengo actualmente en mi vida, ¿cuáles me desagradan?

¿Qué paradigmas determinan estos resultados? Es decir, ¿qué es lo que hace que estas cosas me desagraden? ¿Cuáles son los valores subyacentes?

¿Qué desearía realmente ser y hacer en la vida?

¿Cuáles son los principios importantes en los que se basa mi manera de ser y actuar?

Con todo el proceso de reflexión que has podido llevar a cabo ha llegado el momento de que escribas cuál es tu declaración de misión.

Al final de este material, justo antes de la bibliografía, encontrarás un recurso adicional llamado Mapa de vida, que puede añadirte perspectivas adicionales para identificar tu misión. Es opcional. Si lo que has trabajado hasta aquí es suficiente, ¡felicidades! Ignóralo o úsalo para profundizar. En caso contrario, te animo a incursionar en él.

Mi declaración personal de misión

_____

_____

_____

_____

CINCO MANERAS DE VIVIR TU MISIÓN

La misión la hemos definido como la razón de ser de nuestra existencia, nuestro verdadero norte. La misión es dinámica como la vida misma y, por consiguiente, la podemos vivir y expresar de formas diferentes a lo largo de ella. También, en un mismo periodo vital, la podemos llevar a cabo de formas muy distintas según los entornos en los que nos desenvolvemos.

La finalidad de este ejercicio es precisamente ayudarte a pensar en este aspecto dinámico de la misión y cómo podrías, en tu realidad actual, expresarla de cinco maneras diferentes. Te animo a que pienses cinco maneras, que hagas un esfuerzo. Sin embargo, si no consigues llegar a esa meta, no te preocupes; lo importante es que generes alternativas. Te he puesto un par de ejemplos de mi propia vida personal que espero te puedan servir de inspiración.

MI MISIÓN: Ayudar a las personas y las organizaciones a desarrollar todo su potencial, comenzando por mi esposa, mis hijos y el resto de mis círculos de influencia	
ÁMBITO	FORMA DE EXPRESARLA
Mis hijos	Apoyar de forma intencional y proactiva su desarrollo integral como personas. Buscar oportunidades para invertir tiempo formal e informal con ellos.
Instituto e625	Ayudar a desarrollar el Instituto e625 de forma que se convierta en una institución que ayude a todos los estudiantes a desarrollar todo su potencial y ayudar a la construcción del Reino de Dios.

MI MISIÓN:	
ÁMBITO	FORMA DE EXPRESARLA

TRANSICIÓN: LO QUE HEMOS VISTO Y LO QUE VAMOS A VER

Hemos estado hablando acerca de qué es la misión, por qué esta es fundamental en nuestras vidas, cómo identificar nuestra misión, es decir, la contribución única y singular que de parte de Dios hacemos al mundo y, finalmente, las maneras en las que podemos expresarla en el contexto de nuestra vida cotidiana.

A continuación, veremos qué son los valores, su importancia y cómo identificar los nuestros y expresarlos por medio de conductas en el contexto de la vida cotidiana.

CAPÍTULO 8

PASO 2: IDENTIFICA TUS VALORES

> **"EL LIDERAZGO PERSONAL HA DE MANTENER SIEMPRE PRESENTE TU VISIÓN Y TUS VALORES, Y ALINEAR TU VIDA PARA QUE SEA CONGRUENTE CON ELLOS". -STEVE COVEY**

Hay una doble etimología de la palabra. Valor viene del latín "valere", que significa, literalmente, ser fuerte. Fue en el siglo XX cuando se comenzó a llevar a cabo un estudio más formal del tema de los valores y apareció el término axiología para describir la disciplina que se ocupa del estudio de estos. Axiología proviene del griego "axia", que significa valor, y logos, que significa estudio. En ocasiones se confunden o se usan de forma indistinta, sin serlo, términos como virtudes y principios. Estos últimos han sido definidos como factores universales orientados a la conducta, mientras que una virtud sería la encarnación habitual y constante de un valor. Dicho de otra manera, el valor se convierte en virtud cuando se practica y se hace de forma permanente. Tampoco debemos confundir –cosa que sucede de forma frecuente– los valores con las manifestaciones del fruto del Espíritu Santo, que aparecen reflejados en el bien conocido pasaje de Gálatas 5:22–23. Las manifestaciones del fruto son alteraciones positivas del carácter producidas por la influencia continuada en el tiempo del Espíritu Santo.

Los valores pueden ser definidos como las reglas maestras que rigen nuestro comportamiento. Son, por decirlo de alguna manera, nuestros "no negociables", aquellas cosas que no estamos dispuestos a ceder o dejar de lado. El diccionario de la Real Academia de la Lengua Española lo define con la siguiente acepción: "Cualidad que poseen algunas realidades, consideradas bienes, por lo cual son estimables". Pero personalmente me agrada más la definición que hace el diccionario de Oxford: "Los valores son principios o normas de conducta; juicios de valor acerca de aquello que consideramos importante en la vida".

LOS VALORES SON NUESTROS "NO NEGOCIABLES".

La escritora sobre temas de liderazgo Brené Brown, en su libro *Dare to Lead*, lo define de la siguiente manera: "Un valor es una forma de ser o creer que consideramos de la mayor importancia".

Por su parte, Ken Blanchard, uno de los gurús del mundo de la administración y el liderazgo y un comprometido cristiano, afirma que los valores "son las creencias que uno considera más importantes en su vida". Según este autor, hay una época en tu vida en que otras personas lo definen por ti –padres, educadores–; después uno determinará aquellos a los que se adherirá.

Milton Rockeach, docente en la Universidad de Minnesota, lo define de la siguiente manera: "Valor es la creencia perdurable de que una forma concreta de conducta o estado final de la existencia personal o social es preferible al modo opuesto o inverso de conducta o estado final de la existencia".

Los valores son aquellas cualidades o características de una acción, una persona o un objeto que se consideran típicamente positivas o de gran importancia por un grupo social.

Los valores –según el *Business Dictionary*– son "creencias e ideales permanentes acerca de lo que es bueno y malo, correcto e incorrecto, deseable e indeseable, y que son compartidos por los miembros de una misma cultura". Los valores, continúa diciendo esta obra, tienen una gran influencia en la conducta y las actitudes de las personas y sirven como líneas maestras orientativas en un amplio espectro de situaciones.

Esto último es algo que vale la pena remarcar, el papel que juegan los valores como una brújula moral interior que nos ayuda a determinar qué respuesta ética o moral es la más adecuada en una determinada situación o cómo decidir entre aquello que es bueno para nosotros y lo que es mejor.

Precisamente, respecto a este punto, Harry M. Jansen, profesor de administración y estrategia en Kellogg School of Management de la Northwestern University, escribe lo siguiente:

Como les digo a mis alumnos, convertirse en el mejor tipo de líder no consiste en emular un modelo o una figura histórica. Por el contrario, el liderazgo debe basarse en lo que eres y en aquello que es realmente importante para ti. Cuando realmente te conoces a ti mismo y lo que representas, es mucho más fácil saber qué hacer en cada situación. Siempre se reduce a hacer lo correcto y hacer lo mejor que es posible.

Debes tener la capacidad de identificar y reflexionar sobre lo que representas, cuáles son tus valores, y lo que es más importante para ti. Para ser un líder basado en valores, debes estar dispuesto a mirar dentro de ti mismo, reflexionando de forma regular, y luchar por tener una mayor conciencia de ti mismo. Después de todo, si no eres autorreflexivo, ¿cómo puedes verdaderamente conocerte a ti mismo? Si no te conoces a ti mismo, ¿cómo podrás liderarte? Si no estás en condiciones de liderarte a ti mismo, ¿cómo liderarás a otros?

Las reflexiones de Jansen son muy importantes y están en consonancia con lo explicado al principio de este libro. A la vez, todo lo leído hasta ahora acerca de los valores pone de manifiesto la importancia de que cuando definamos los nuestros, estos estén alineados con la Palabra y el carácter de Dios en ella, que está reflejado, manifestado y encarnado por el mismo Jesús. Para nosotros, los seguidores de Jesús, es importante que cuando adoptemos un valor lo podamos ver ilustrado en la vida del Maestro.

Simon Dolan comenzó a estudiar acerca del tema de los valores cuando estaba llevando a cabo su doctorado en psicología del trabajo en la Clínica Mayo en Minnesota, allá por el año 1976. Su tesis versaba en tratar de demostrar que en la inmensa mayoría de las personas menores de 50 años que sufrían un infarto, las causas estaban directamente vinculadas con el trabajo, y específicamente con el estrés. Sin embargo, el descubrimiento que mayor impacto tuvo para Dolan fue la conclusión a la que llegó en su estudio: "El estrés es el resultado de la incongruencia en tu sistema de valores". Las conclusiones de Simon Dolan ponen de manifiesto, una vez más, cuán importante es el tema de los valores.

> **"El estrés es el resultado de la incongruencia en tu sistema de valores". -Simon Dolan**

Hay valores universales, que afectan a todo ser humano por igual, y valores relativos, que se encuadran en un lugar, momento o cultura específicos. Los valores humanos son valores que afectan a la conducta de los individuos. Los valores morales pueden ser considerados éticos y sociales, que constituyen un conjunto de reglas establecidas para lograr una convivencia saludable dentro de una sociedad. Estos son transmitidos por la sociedad al individuo, y representan la forma buena o correcta de actuar. En este sentido, los valores morales nos permiten diferenciar entre lo bueno y lo malo, lo correcto y lo incorrecto, lo justo y lo injusto. Los valores éticos demuestran la personalidad del individuo, una imagen positiva o negativa del mismo y, como consecuencia de su conducta, se pueden apreciar sus convicciones, sentimientos e intereses.

Haber identificado tus valores es básico para poder ser fiel a ti mismo y también, probablemente, para poder ser feliz. Todos nosotros tenemos valores, tanto personales como sociales. Estos últimos nos vienen, con frecuencia, otorgados por el entorno cultural en el que nos desenvolvemos. Algunos autores consideran que conforme nos vamos volviendo mayores, nuestros valores se van convirtiendo en más estables, se van cristalizando y son más permanentes. No obstante, dado el carácter dinámico de la vida, siempre podemos revisar los ya establecidos e incorporar nuevos.

Los valores podrían ser comparados con el sistema operativo de un computador, ya que influyen de una manera decisiva en nuestra toma de decisiones. Cuanto más estrés tenemos que soportar, más se pondrán en evidencia cuáles son nuestros auténticos valores. Estos cada vez son más tenidos en cuenta en el mundo corporativo, y hay organizaciones que para poder una colaborar con ellos, exigen una compatibilidad de valores.

Finalmente, tanto las organizaciones, las iglesias y las empresas, así como las personas, tenemos a menudo dos clases de valores: los publicados o enunciados y los reales, que son los que auténticamente mueven la organización o la persona.

Los diferentes autores que trabajan el tema de los valores coinciden en el hecho de que es importante identificarlos. Tiene todo el sentido del mundo, porque es difícil vivir aquello que uno ni siquiera ha llegado a concretizar. Te propongo un proceso que estoy seguro te será de gran utilidad. Consiste en los siguientes pasos:

IDENTIFICA » PRIORIZA » DEFINE » INTERIORIZA » EXPRESA POR MEDIO DE CONDUCTAS

IDENTIFICAR TUS VALORES

No podemos vivir aquellos valores que no tenemos identificados. Brené Brown, en su libro antes citado, indica que las personas tan solo tenemos un conjunto de valores. Afirma que sus investigaciones muestran que los mismos no cambian según el contexto o las circunstancias en las que nos encontremos. Las personas estamos llamadas a vivir alineadas con aquello que consideramos es más importante, al margen de situaciones o contextos.

Existe un link en la Web en donde podrás trabajar la identificación de tus valores personales. El sitio está diseñado de tal manera que te verás obligado a dar el siguiente paso, priorizar. Busca en tu navegador "Barrett Values Center: Personal Values Assessment (Evaluación de Valores Personales)".

También te recomiendo mi libro *Valores: 12 lecciones para ayudar a los jóvenes a desarrollar virtudes del carácter*, publicado también por e625. A pesar de que aparezca en el título la palabra "jóvenes", es una obra en que se explican doce valores, cuál es su raíz bíblica y qué pasos prácticos pueden darse para aplicarlos en la vida cotidiana. En el libro podrás comprobar que muchos de los valores que hoy se consideran universales y naturales tienen claramente su origen en la Palabra de Dios y su carácter.

PRIORIZA TUS VALORES

Mayoritariamente, la literatura en el ámbito de los valores apunta hacia la necesidad de reducir estos a tan solo unos cuantos casos concretos. Ciertamente ese número limitado varía de unos autores a otros; sin embargo, hay una coincidencia en que no deberían de ser más de cuatro o cinco, aunque algunos indican que tres debería ser el número máximo.

Hay una justificación para ello. Ken Blanchard y Brené Brown están de acuerdo en afirmar que, cuando todo es prioritario, nada lo es. Si tenemos un número excesivo de valores, estos, en vez de orientar nuestra conducta pueden llegar a paralizarnos. Esto se debe a que los valores coexisten en una tensión dinámica y, en ocasiones, pueden entrar en conflicto entre ellos. Blanchard en su libro

Leading like Jesus, explica el ejemplo de la compañía Disney. Cortesía y seguridad son dos valores de la empresa que todos los trabajadores tienen perfectamente integrados. Todos los visitantes son tratados en sus parques con una cortesía exquisita. Sin embargo, la seguridad tiene prioridad sobre la cortesía y los trabajadores lo saben; por tanto, en una situación que afecte a la seguridad y haga preciso preservar la integridad de los visitantes, la cortesía, sin ninguna duda, pasará a un segundo plano. Cuando haya un conflicto de valores, podrán priorizar con absoluta claridad.

Esto es aplicable no solo a las organizaciones sino también a las personas. Imaginemos que una persona tiene dos valores identificados: prosperidad e integridad. Si la integridad ocupa el primer lugar, esto determinará que no todas las formas de obtener prosperidad son aceptables y, consecuentemente, a la hora de tomar decisiones, la integridad primará por sobre la prosperidad.

DEFINE TUS VALORES

Los valores deben ser definidos, ya que el término *integridad*, por ejemplo, por sí mismo, no aporta una excesiva claridad. Un mismo valor, por ejemplo, el *coraje*, puede significar dos cosas diferentes para dos personas. Definir nuestros valores será de gran ayuda no solo para nosotros mismos, que sabremos lo que significan cuando hablemos de uno en particular, sino también para los demás, que no correrán el riesgo de interpretarlos a la luz de lo que puedan o no significar para ellos. Más adelante, vas a encontrar mis valores personales y la manera en que yo los he definido, expresando de este modo lo que significan para mí.

INTERIORIZA TUS VALORES

Al afirmar que debemos interiorizarlos quiero indicar que los mismos deberían formar parte de quienes somos. De hecho, un valor es una expresión de mi auténtica identidad porque, de algún modo, me define. "Estamos llamados", afirma Brené Brown, "a vivir alineados con aquello que consideramos ser lo más importante". En otro apartado de su libro antes citado, al hablar de la interiorización de los valores, indica: "Interiorizados y solidificados en nuestras mentes de forma tan precisa, clara e irrefutable, que no parezcan una elección, sino simplemente una expresión de quienes somos en nuestras vidas".

EXPRESA POR MEDIO DE CONDUCTAS

Blanchard es pragmático y tajante al respecto, e indica que los valores deben ser expresados por medio de conductas que sean observables y medibles, y de las cuales se nos pueda hacer responsables. El valor se debe convertir en virtud, es decir, en algo práctico en la vida cotidiana, para que no sea únicamente una entelequia intelectual o una mera abstracción que no se traslada a la realidad del día a día.

Los estudios llevados a cabo por Brené Brown muestran que, si bien la mayoría de las empresas y organizaciones tienen definidos sus valores, solo un 10% de las mismas los expresan por medio de conductas que sirvan de base para capacitar a sus empleados y pedirles una rendición de cuentas. La autora indica que sería necesario identificar tres o cuatro conductas que respalden un determinado valor. A modo de ejemplo, en *Dare to Lead* ella identifica dos de sus valores y las conductas que los ilustran.

VALOR	CONDUCTA
Coraje	• Establezco límites claros con otras personas. • Afronto conversaciones, reuniones y decisiones difíciles. • Hablo a las personas, no acerca de ellas.
Servicio	• Asumo responsabilidad por mis productos y servicios. • No eludo atender las necesidades de las personas en mi entorno. • No uso a las personas como medios para conseguir mis fines.

CLARIFICAR LOS VALORES PERSONALES

Si las personas que te conocen bien tuvieran que responder a la siguiente pregunta: ¿Qué es realmente importante para...?, ¿qué sería lo que responderían? ¿Cuáles serían las cinco cosas que te atribuirían?

HOJA DE TRABAJO DE LOS VALORES

Después de todo el trabajo de reflexión sobre los valores, usa la tabla que tienes a continuación para escribir los cuatro que consideres más importantes para ti. En la primera columna anota el valor; en la segunda, una frase que lo defina. Finalmente, en la tercera, usa un símbolo que lo ilustre. Puedes ver los míos, a modo de ejemplo, un poco más adelante en este libro.

VALOR	FRASE CLAVE	SÍMBOLO

LOS VALORES DE FÉLIX ORTIZ

VALOR	FRASE CLAVE	SÍMBOLO
Lealtad	Fidelidad a las personas y a las instituciones con las que me siento vinculado.	
Altruismo	Compartir para enriquecer a otros, sin esperar un retorno o un beneficio de ello, respondiendo a la enseñanza bíblica, que "es más bienaventurado dar que recibir".	
Gracia	Tratar a las personas con amor y aceptación incondicional, es decir, de la misma manera que yo soy tratado por Dios.	
Inconformismo	Un cuestionamiento permanente del *statu quo*, buscando ser más efectivo y hacer mejor las cosas. No sucumbir al refrán "aquí las cosas siempre se han hecho de este modo".	

CONDUCTAS QUE EXPRESAN MIS VALORES

VALOR	CONDUCTA
Lealtad	• Respeto mis compromisos con las personas, incluso cuando romperlos me podría beneficiar. • Me esfuerzo para que las personas se sientan seguras en relación con mis intenciones y motivaciones con respecto a ellas. • Doy lo mejor de mí mismo a las personas y organizaciones con las que me siento vinculado. • Rescindo mi compromiso con las personas y las organizaciones si siento que no puedo mantener mis niveles de lealtad.
Altruismo	• Comparto mis recursos con aquellos que se pueden beneficiar de ellos. • Vivo con una mentalidad de abundancia y no de escasez, una mentalidad del Reino de Dios. • Soy proactivo e intencional en enriquecer a otros si está a mi alcance.
Gracia	• Me relaciono con otros en base a la aceptación incondicional. • Otorgo a otras tantas oportunidades como he experimentado que Dios me otorga a mí. • Trato de ver en otros siempre su mejor versión posible. • Perdono las faltas y no guardo rencor.
Inconformismo	• No me conformo con el *statu quo*. • Me pregunto constantemente el porqué. • Busco maneras alternativas de hacer las cosas. • No trato de ser políticamente correcto sino estoy de acuerdo.

TRANSICIÓN: LO QUE HEMOS VISTO Y LO QUE VAMOS A VER

Hemos hablado de los valores, qué son, por qué son importantes y cómo identificar nuestros valores personales. También hemos visto que estos se convierten en virtudes cuando los practicamos de forma continuada en nuestra vida cotidiana.

A continuación, y siguiendo con los pasos para desarrollar nuestro liderazgo personal, vamos a hablar acerca de los roles, qué son y cómo identificar los nuestros personales.

CAPÍTULO 9

PASO 3: IDENTIFICA TUS ROLES

"AL FINAL, SON AQUELLOS QUE TIENEN UNA REAL Y PROFUNDA VIDA INTERIOR LOS MÁS CAPACES DE LIDIAR CON LOS IRRITANTES DETALLES DE LA VIDA EXTERIOR".

—EVELYN UNDERHILL

Cuando hemos invertido el tiempo y el esfuerzo para enunciar la misión, de forma inmediata, una pregunta nos asaltará: cómo vamos a articularla, de qué modo vamos a vivirla en la práctica, en el día a día. La respuesta está, precisamente, en nuestros roles, ya que estos pueden ser definidos como los canales a través de los cuales nuestra misión fluirá.

Piensa por un momento en el árbol que ves en esta imagen. Las raíces, la parte que no es visible, es nuestra misión. El tronco representaría nuestra visión y las diferentes ramas los roles a través de los cuales se produce el fruto.

Nuestros roles deben responder a nuestra misión, de lo contrario, posiblemente consistirán en una combinación de los sentimientos que tengamos sobre nosotros mismos y el espejo social. Es decir, lo que la cultura predominante espera o proyecta sobre nosotros, y ya conocemos la advertencia de la Palabra: no nos amoldemos, no tomemos la forma de este mundo (Romanos 12:2).

Cuando hay esta conexión con nuestra misión y nuestra visión, los roles, lejos de convertirse en un corsé o en una carga insoportable, son oportunidades generadoras de creatividad, vida y posibilidades.

Los roles de cada persona son únicos y singulares, ya que responden a la realidad de cada individuo; sin embargo, hay algunos que son comunes a todos nosotros, el personal y el familiar.

A continuación encontrarás mis roles únicos y singulares, y una breve frase que define lo que entiendo por cada uno de ellos.

ROLES DE FÉLIX ORTIZ

PERSONAL	
Dimensión física	El cuidado de mi cuerpo y mi salud
Dimensión emocional	El desarrollo de una vida emocional saludable para mí y mi entorno
Dimensión intelectual	El desarrollo de mis capacidades intelectuales
Dimensión espiritual	El desarrollo de la imagen de Jesús en mí y mi compromiso con un mundo roto
Dimensión social	El desarrollo y mantenimiento de relaciones interpersonales de calidad
FAMILIAR	
Esposo	El cuidado y desarrollo de mi relación con Sara
Padre	El cuidado y desarrollo de mi relación con Andreu y Anna, y el acompañamiento en sus proyectos vitales
Hermano	El cuidado y desarrollo de mi relación con Paco, Mario y Santos
Abuelo	Invertir en el desarrollo físico, emocional, intelectual y espiritual de mis nietos

COACH
Mi acompañamiento y empoderamiento de personas para alcanzar sus metas personales y profesionales.

FORMADOR
El proceso de ayudar a personas a desarrollar todo su potencial por medio de situaciones formales de educación .

RECTOR DEL INSTITUTO E625
Dirigir la institución para que sea un referente en la formación de líderes y pastores en el mundo de habla hispana.

Al observar estos roles estás viendo los canales a través de los cuales yo, Félix Ortiz, llevo a cabo mi misión en la vida cotidiana. El rol personal es común a todos nosotros; Steve Covey lo denomina "afilar la sierra", haciendo alusión a la idea de que si no invertimos tiempo en cuidarnos personalmente de forma holística difícilmente podremos llevar adelante un proyecto personal saludable. Es el rol del autoliderazgo, de liderarnos a nosotros mismos para poder liderar a otros. Es invertir en nuestro desarrollo de forma integral y total, tener cuidado de nuestra salud física y emocional, nuestro crecimiento intelectual, nuestras relaciones sociales y nuestro caminar con el Señor. Es una mayordomía integral de nuestra vida.

Del mismo modo, el rol familiar es común a todos nosotros. Ciertamente su expresión variará de persona a persona. En mi caso, por ejemplo, ya no existe la dimensión de hijo porque mis padres fallecieron; sin embargo, tengo una dimensión como hermano. No somos islas, todos vivimos y formamos parte de un sistema.

Es importante que veamos los roles como parte integral de nuestra vida, como algo holístico y no como compartimentos estancos. Verlos desde la primera perspectiva nos ayudará a poder crear sinergias entre los diferentes roles y valorarlos como parte fundamental de nuestra vida. La segunda de las perspectivas nos llevará a percibirlos como partes autónomas, disgregadas, sin relación entre sí, que compiten por nuestro tiempo y atención.

Al mismo tiempo, los roles han de ser vistos como realidades dinámicas, como lo es la propia vida. Habrá épocas en que ciertos roles, por las razones que sean, exigirán de nosotros una mayor atención y dedicación. No todas las semanas todos los roles van a poder disponer de la misma atención y dedicación; en muchos casos, ni siquiera la van a requerir. Nuevamente, es importante verlos como un todo y no como partes fragmentadas. Un todo del cual somos responsables. Por su carácter esencialmente dinámico, los roles pueden cambiar y cambian a lo largo de nuestras vidas. Es evidente con el rol familiar, pero también con el profesional y el ministerial. Recordemos que en la ilustración que nos daba una perspectiva de los pasos para el liderazgo personal, los roles se encontraban en la parte inferior, es decir, aquella que cambia. Mi misión no cambiará, pero sí la forma en que la expreso –roles– a lo largo de mi vida.

> "Un hombre no puede actuar de forma correcta
> en una sección de la vida mientras lo hace
> de forma incorrecta en otra". –Mahatma Gandhi

A continuación encontrarás un espacio para identificar tus propios roles y para escribir una frase que para ti describa lo que entiendes por cada uno de ellos. Recuerda, las frases que yo usé para los míos son descriptivas, pero no prescriptivas.

MIS ROLES PERSONALES

PERSONAL	
Dimensión física	
Dimensión emocional	
Dimensión intelectual	
Dimensión espiritual	
Dimensión social	
FAMILIAR	
Esposo/esposa	
Padre/madre	
Hijo/a	
Novio/a	
PROFESIONAL	
ROL 1:	
ROL 2:	
ROL 3:	

TRANSICIÓN: LO QUE HEMOS VISTO Y LO QUE VAMOS A VER

Hemos visto que los roles son los canales a través de los cuales llevamos a cabo nuestra misión. Es la forma de expresarla en la vida cotidiana, única y singular de cada uno de nosotros. Hay roles que son comunes a toda persona –el personal y el familiar– y otros que varían de unos a otros.

A continuación, y siguiendo con los pasos para desarrollar nuestro liderazgo personal, nos vamos a centrar en la visión, definiremos qué es, por qué es importante y cómo establecer una visión para cada uno de nuestros roles.

CAPÍTULO 10

PASO 4: DETERMINA TU VISIÓN

"DEBES TENER UNA GRAN VISIÓN Y DAR CADA PEQUEÑO PASO PARA LLEGAR HASTA ELLA. DEBES SER HUMILDE EN LA EJECUCIÓN, PERO VISIONARIO Y GIGANTE EN TÉRMINOS DE TUS ASPIRACIONES".

–JASON CALACANIS

La visión es una imagen específica de un futuro deseado y se expresa siempre en tiempo presente para enfatizar su carácter motivador. Steve Covey la define del siguiente modo:

"Es nuestra capacidad para ver más allá de nuestra realidad actual, crear, inventar lo que todavía no existe, convertirnos en lo que aún no somos. Nos confiere la capacidad para vivir conforme a nuestra imaginación y no conforme a nuestra memoria".

LA IMPORTANCIA DE LA VISIÓN

Viktor Frankl, en su libro ya citado, habla de la sorpresa que supuso para él poder sobreponerse a la situación tan extrema que vivió en los campos de exterminio nazis durante la Segunda Guerra Mundial, sobrevivir y convertirse al mismo tiempo en un observador de esta. Se preguntaba qué hacía posible que algunas personas sobrevivieran cuando la mayoría moría y llegó a la conclusión de que no tenía relación ni con la salud, la inteligencia, la formación o preparación, ni tampoco con la estructura familiar. El factor común a aquellos que sobrevivían era su convicción de que tenían una misión que cumplir, algo que llevar a cabo en el futuro.

LA VISIÓN ES UNA IMAGEN ESPECÍFICA DE UN FUTURO DESEADO.

Steve Covey narra lo mismo en relación con los prisioneros de guerra norteamericanos en Vietnam; fue una motivadora visión orientada al futuro lo que los mantuvo vivos en penosas circunstancias.

Cómo influye la visión

La visión, o la falta de ella, influye en las decisiones que tomamos:

- Podemos tomar nuestras decisiones basadas únicamente en lo inmediato. Carecemos de un criterio superior que nos permita decir sí o, por el contrario, decir no.

- Del mismo modo podemos reaccionar ante todo lo urgente, ya sea esto importante o no, ya sea necesario o no.

- Podemos reaccionar, delante del impulso momentáneo, a nuestros sentimientos y a nuestros estados de ánimo.

- Podemos reaccionar al limitado conocimiento de nuestras opciones y a las prioridades de los demás.

Las ventajas de la visión:

- La visión nos permite ser guiados por principios y no por las circunstancias.

- Nos proporciona la esperanza de un futuro alternativo y mejor.

- Nos permite ir más allá de nuestras limitaciones presentes.

- La visión atrae e inspira a otros a nuestro alrededor.

- Clarifica los propósitos.

- Nos indica la dirección en la que debemos ir.

- Nos da la fortaleza para actuar más allá de nuestros recursos.

- Nos provee la motivación necesaria para poder emprender grandes propósitos.

- Es, en palabras de Steve Covey, "un profundo sí que nos permite decir no a las cosas menos importantes de la vida".

La visión nos capacita para superar el miedo, la duda, el desaliento y muchos otros sentimientos que nos pueden alejar de hacer una contribución y dejar un legado. Gandhi, poco antes de su muerte, dijo:

"Afirmo que solo soy un hombre común con menos aptitudes que cualquiera. No me cabe ninguna duda de que cualquier hombre o mujer es capaz de obtener lo que yo logré si hiciera los mismos esfuerzos y cultivara la misma esperanza y fe".

Fue su visión la que sostuvo y motivó a Gandhi y, al mismo tiempo, la que hizo que otros se unieran a su causa.

El anónimo escritor del libro de los Hebreos, al referirse a Jesús y su visión, nos dice lo siguiente:

"Mantengamos fija la mirada en Jesús, pues de él viene nuestra fe y él es quien la perfecciona. Él, por el gozo que le esperaba, soportó la cruz y no le dio importancia a la vergüenza que eso significaba, y ahora está sentado a la derecha del trono de Dios". (Hebreos 12:2)

Fue precisamente la visión de la redención puesta delante de Él lo que le dio el coraje para afrontar la cruz. Moisés tuvo la visión de llevar al pueblo a la tierra prometida por el Señor y eso le dio la fuerza para superar todos los obstáculos. Nehemías visualizó una Jerusalén reconstruida y esa fue su fuente de motivación para llevar a cabo la obra.

Cuando tenemos una visión establecida, esta nos beneficia con la posibilidad de establecer prioridades claras que nos permitan alcanzarla. Cuando todo es prioritario, nada lo es. Cuando hay una visión hacia la que nos encaminamos, sabremos y podremos establecer qué es prioritario y qué no lo es.

Ya hemos comentado con anterioridad acerca del entorno VUCA. Bob Johansen es el autor del libro *Leaders make the future* y probablemente el escritor que más ha investigado este entorno. En su libro habla acerca de las competencias que son necesarias para poder liderar en dicho entorno. Pero también comenta algo que me parece de mucho interés y que es relevante para el tema de la visión.

Johansen indica que a cada uno de los desafíos del mundo VUCA el líder debería contestar desarrollando una virtud o cualidad. Veamos en el cuadro que aparece a continuación cómo lo plantea este investigador.

Característica VUCA	Virtud VUCA	Explicación de la virtud
Cambio	Visión	Claridad de hacia dónde vamos y flexibilidad sobre cómo hemos de llegar.
Incertidumbre	Comprensión	Escuchando y aprendiendo de otros que son diferentes a ti. Articulando la inteligencia colectiva del grupo.
Complejidad	Claridad	Ser confiables, precisos y transparentes.
Ambigüedad	Agilidad	Gran flexibilidad dentro del marco de la visión.

Como podemos ver y nos indica Johansen, la visión es fundamental y determinante para un mundo VUCA. Hemos de tener una gran claridad de hacia dónde vamos, luego la realidad ya nos impondrá la necesidad de agilidad y flexibilidad en el marco de nuestra visión para poder llegar hasta la misma.

En su último libro, *Full-spectrum thinking*, este mismo autor dice lo siguiente con respecto a la visión:

"Imaginemos que vamos a viajar desde San Francisco a Londres. Tiene mucho más sentido planificar pensando en tu destino final y no en el lugar de inicio del viaje, pero muchas organizaciones (y yo añadiría personas) *planifican desde donde están, teniendo en cuenta, la mayoría de las veces, dónde han estado".*

La visión fuerza a nuestro cerebro a tener que hacerse las preguntas clave y oportunas para poder obtener el cumplimiento de esta. Cuando tenemos definida una visión automáticamente surgen toda una serie de preguntas que, bien contestadas, generan una increíble creatividad en nuestro cerebro para poder movernos hacia delante. Cuando sabemos qué queremos hacer nos preguntamos:

- **¿Cómo lo haremos?**
- **¿Qué obstáculos encontraremos?**
- **¿Cómo podemos superarlos?**
- **¿Quién nos puede ayudar?**
- **¿Qué recursos vamos a necesitar?**
- **¿Dónde los vamos a encontrar?**

Y un largo etcétera.

FAMILIA

Sara y yo seguimos envejeciendo con nuestras necesidades económicas cubiertas. Sara está ya jubilada. Andreu y yo hemos realizado el viaje a israel juntos y seguimos apoyando a anna en el desarrollo de su carrera profesional.

FORMADOR

Los cursos estrella: herramientas de coaching para el liderazgo, resiliencia personal y organizacional, seguridad psicológica en los equipos y liderazgo personal son impartidos en forma sistemática de manera presencial, híbrida y asincrónica.

VISIÓN 2024

RECTOR E625

Tenemos una nueva plataforma educativa y página web, ambas integradas. Todos los diplomados han sido totalmente renovados y hemos creado una línea de trabajo para pastores y líderes.

RECTOR E625

La marca personal está desarrollada, es conocida y los clientes fluyen de manera sistemática. Continúo certificado por ICF.

PERSONAL

Continúo viviendo mi misión personal adaptada a situaciones cambiantes. Sigo desarrollándome emocional, espitirual e intelectualmente en un pradigma de crecimiento continuado. Sigo haciendo ejercicio físico acorde a mi realidad y cuido de manera proactiva de mi salud mediante chequeos regulares.

Esta es mi visión personal para cada uno de mis roles para el año 2024. Fíjate que al leerla con detenimiento puedo hacerle a la misma y, consecuentemente hacerme a mí mismo, las siguientes preguntas potentes:

- ¿En qué medida lo que estoy haciendo en estos momentos me encamina al cumplimiento de la visión?
- ¿Qué cosas estoy llevando a cabo que, contrariamente, me alejan de la misma?
- ¿Qué debería hacer o dejar de hacer si verdaderamente quiero ver el cumplimiento de mi visión?

- ¿Qué debería ser prioritario en este momento para hacer efectiva mi visión? ¿Lo estoy haciendo? En caso contrario, ¿qué me está impidiendo hacerlo?

- ¿Cuáles deberían ser los próximos pasos, por pequeños que sean, que me ayudarán a moverme hacia el logro de mi visión?

Mi recomendación es que la visión sea revisada, como mínimo, una vez al año. Circunstancias personales, profesionales o del entorno de trabajo pueden hacer que esta sea retocada, cambiada o incluso abandonada, ya que no debemos olvidar que todos nosotros vivimos en un mundo increíblemente volátil, donde los cambios se producen a una velocidad vertiginosa.

Vale la pena recordar que mientras la misión es permanente la visión es temporal. Esa fue mi experiencia cuando llegó la pandemia de COVID19 en marzo de 2020. Mi visión para los próximos dos años estaba claramente establecida, sin embargo, la realidad se impuso y tuve que cambiarla casi en su totalidad. Lo pude hacer porque, como ya indiqué, la visión es tan solo el aterrizaje de la misión en un periodo específico de tiempo. Al tenerla claramente definida, simplemente tuve que preguntarme: ¿cómo puedo llevar a cabo mi misión en esta nueva realidad, qué nueva visión debo desarrollar?

Quiero pedirte que escribas ahora tu propia visión personal para cada uno de los roles que ya has identificado. Piensa qué marco de tiempo quieres que abarque. Mi recomendación es que no sea más de dos años debido a la volatilidad del mundo en que vivimos. Cuando, a nivel de coaching, trabajo este tema con mis clientes, hay algo que les ayuda a definir su visión. Lo comparto contigo por si pudiera ser de orientación para ti. Les hago la siguiente pregunta: "Si dentro de dos años –depende el periodo de tiempo escogido– estuviéramos cenando juntos celebrando lo que has conseguido, ¿qué estaríamos celebrando en cada uno de tus roles?". Esta simple pregunta puede serte de utilidad para proyectarte en tu futuro.

Me resulta muy significativo el consejo que el Señor le dio al profeta Habacuc con respecto a la visión:

Entonces el Señor me dijo: «Escribe mi respuesta en letras grandes y claras, para que cualquiera pueda leerla de una mirada y corra a contarla a los demás. Las cosas que planeo no ocurrirán tan pronto, pero con toda seguridad ocurrirán. Aunque pienses que se demoran en cumplirse, no te desesperes. ¡Todo acontecerá en el día que he señalado!». (Habacuc 2:2-3).

La visión no ha de tenerse únicamente en la mente; ha de escribirse, porque es un itinerario. La visión puesta por escrito nos sirve de motivación porque, tal y como dice el Señor, aunque parezca tardar, si trabajamos sobre ella sin duda se cumplirá.

Finalmente, quiero animarte a que veas el video "I have a dream", de Martin Luther King, Jr. Es su famoso discurso sobre su visión para Estados Unidos. Verás que es una hermosa ilustración sobre qué es una visión y su valor motivador para la vida.

MI VISIÓN PERSONAL PARA CADA UNO DE MIS ROLES

_____

_____

_____

_____

_____

_____

_____

_____

_____

TRANSICIÓN: LO QUE HEMOS VISTO Y LO QUE VAMOS A VER

La visión es una imagen presente –lo que vemos hoy– de un futuro deseado –a lo que aspiramos mañana–. La visión es la manera en que aterrizamos nuestra misión en un periodo de tiempo específico. Al cumplir la visión vamos llevando a cabo nuestra misión. Establecemos una visión para cada uno de nuestros roles personales.

A continuación, y siguiendo con los pasos para desarrollar nuestro liderazgo personal, nos vamos a centrar en enunciar metas para poder alcanzar nuestra visión. Las metas son los pequeños pasos prácticos que nos conducirán desde la realidad actual hacia la realidad deseada.

CAPÍTULO 11

PASO 5: APRENDE A ESTABLECER METAS PARA CADA ROL

"ESTABLECER METAS ES EL PRIMER PASO PARA VOLVER VISIBLE LO INVISIBLE". –TONY ROBBINS

Nuestra visión puede ser un mero deseo, una buena intención, un buen propósito, un «ojalá» hasta que comenzamos a enunciar y establecer metas, ya que hacerlo es el proceso de trasladar la visión a la acción posible y realizable. Las metas son los pasos que permitirán que nuestra visión se convierta en realidad, que nos movamos desde donde estamos hasta donde queremos llegar.

LAS METAS SON LOS PASOS QUE PERMITIRÁN QUE NUESTRA VISIÓN SE CONVIERTA EN REALIDAD.

En el libro antes citado, *Building Resilience for Success*, los autores indican algunos de los beneficios de establecer metas:

- Nos proveen de enfoque y un sentido de proceso.
- Plasman lo que queremos para nosotros mismos en el futuro.
- Nos ayudan a lidiar con los desencantos de la vida.
- Nos proveen de energía.
- Nos mantienen motivados.
- Nos ayudan a revisar el progreso que vamos logrando.
- Nos ayudan a compartir y a generar apoyo mutuo.

Steve Covey afirma que siempre hemos de comenzar con el fin a la vista. Dicho de otro modo, si yo quiero que en el 2026 mi visión sea una realidad, ¿qué pasos debo dar en el 2023 para conseguirlo? ¿Y en el 2024? Y así sucesivamente hasta llegar al cumplimiento. Dicho de otro modo, ¿qué parte del pastel me debo comer en el 2023 para asegurarme que en el 2026 me habré comido la totalidad de este?

Indudablemente, como ya expliqué con anterioridad, las metas es la parte de nuestro plan que debe ser revisado de forma sistemática y que puede y debe ser cambiado en función de la lectura de nosotros mismos, de nuestras circunstancias y del entorno en el que nos movemos. Todos estos factores pueden hacer necesario revisar, cambiar o abandonar las metas establecidas y fijar nuevas. No olvidemos la volatilidad del mundo en el que vivimos. De hecho, y como claro ejemplo, el año 2019 nos trajo la inesperada pandemia del COVID19. Nadie lo tenía previsto y la mayoría, sino todas, las metas existentes tuvieron que ser anuladas, establecidas de nuevo y otras nuevas enunciadas en función de la nueva realidad.

Kennon Sheldon, en su libro *Life Goals and Well-being: Toward a Positive Psychology of Human Striving*, ha investigado exhaustivamente la importancia de las metas en la vida de las personas y ha identificado dos amplias categorías de metas: las que satisfacen intrínsecamente y las que satisfacen extrínsecamente.

- Las que satisfacen **intrínsecamente** son aquellas que son valiosas por sí mismas y que están basadas en valores personales muy profundos. El progresar hacia las mismas, así como conseguirlas, puede ser altamente satisfactorio.

- Las que son **extrínsecamente** satisfactorias son valoradas por aquello hacia lo que nos llevan, lo que, a menudo, implica compararse con otros en términos de apariencia, popularidad, posesiones y estatus. Estas metas pueden producir mucho estrés y no necesariamente conducirnos a la plenitud y satisfacción.

En opinión de este autor, hay cuatro grandes tipos de metas que son importantes para toda persona:

- Logros (educación, carrera, fortalezas)

- Relaciones (sentido de pertenencia, apego, conexión)

- Contribuciones (dar, producir una diferencia, dejar un legado)

- Pertenecer a algo mayor (religión, espiritualidad, humanidad)

Sin embargo, a pesar del indudable valor de las metas, hay sentimientos encontrados y contradictorios con respecto a las mismas. En ocasiones, hay personas que desean conseguirlas a cualquier precio, incluso dejando por el camino a su familia, sus compañeros de equipo o su propia salud. Para ellos el fin justifica los medios.

También puede darse un idealismo superficial. El hecho de enunciar determinadas metas no implica ni significa que vayan a cumplirse. Hay personas que establecen metas sin tener un claro conocimiento de ellos mismos, su potencial y sus posibilidades.

Toda meta debe nacer de una profunda conexión con nuestra visión y misión. Uno puede ser un esclavo de sus propias metas. Estas están a nuestro servicio, en ningún caso nosotros al servicio de ellas. Las metas son hitos en nuestro proceso de alcanzar nuestra visión; sin embargo, debemos tener la sabiduría, el discernimiento e incluso la valentía de matizarlas, reelaborarlas o incluso abandonarlas cuando la realidad así nos lo indique.

EL PROBLEMA DE NO ALCANZAR LAS METAS

Las metas tienen una gran capacidad para motivarnos y mantenernos enfocados en el logro de nuestra visión; sin embargo, también pueden ser una gran fuente de desánimo y desmotivación. Si de forma continuada nos planteamos metas y no las logramos perdemos la confianza en nosotros mismos y en nuestra capacidad afectando, consecuentemente, a nuestra autoestima. Para suavizar la tensión que eso nos puede producir, esa disonancia cognitiva, podemos recurrir a dos estrategias igualmente dañinas, la racionalización –es decir, la justificación del porqué no conseguimos lo que queríamos– o el cinismo –es decir, el aparentar que no es indiferente el no haberlo logrado.

El logro o no de nuestras metas simplemente pone de manifiesto nuestra realidad. El carácter es como la fuerza, las pruebas ponen de manifiesto si existe o no, no hay manera de fingir. Hace falta fuerza de carácter para fijar metas y mantenerse enfocado en ellas.

Hay algunas razones que nos pueden impedir lograr las nuestras:

- Nos proponemos metas que **denotan una total falta de autoconocimiento** y, por el contrario, mucha ilusión o idealismo. Por ejemplo, quiero ser "*Ironman*" dentro de dos meses, pero nunca antes he hecho deporte. Es una buena pretensión, un buen deseo, pero ¿está dentro de mis posibilidades? Sería más adecuado comenzar a trotar tres veces por semana durante treinta minutos.

- Nos proponemos metas que **no son realistas**. Las personas, en ocasiones, enuncian metas cuyo cumplimiento en mayor o menor medida no depende de ellos, sino de terceras personas sobre las cuales no tienen la capacidad de incidir o, si la tienen, es limitada y, por tanto, no son planteamientos realistas. Por ejemplo, deseo que todos los miembros de mi familia acepten a Cristo. Sería más adecuado vivir de tal manera que mis acciones cotidianas con la familia reflejen el carácter de Jesús.

- **Cambian las circunstancias**. Las metas se establecieron en un contexto determinado que cambia y las hace inviables o más difíciles de lo que en un principio habíamos pensado. Ya hemos hablado en otras ocasiones del entorno volátil en el que vivimos.

- **Cambiamos nosotros**. Las personas somos dinámicas y estamos en transición. Es posible que en el momento en que decidimos llevar a cabo determinadas metas estas fueran muy relevantes para nosotros. Sin embargo, al cambiar, estas mismas metas carecen ahora de valor o significado.

- **Surgen nuevas oportunidades**. La vida sale a nuestro encuentro con nuevas posibilidades y oportunidades que nos llevan a la necesidad de abandonar las viejas metas para establecer nuevas que nos permitan sacarle provecho a la nueva realidad.

Las metas son ambivalentes, si nos aferramos a ellas nos pueden dominar. Por el contrario, si las pasamos por alto nos sentimos culpables y puede afectar nuestra autoestima.

ALCANZAR LAS METAS

En ocasiones alcanzamos nuestras metas a expensas de otras cosas que son más importantes en nuestras vidas. Podemos haber dejado en el camino nuestra familia, nuestras relaciones, nuestra salud, nuestra dignidad e integridad, etc.

En el mundo del liderazgo esto recibe el nombre de "síndrome de la escalera apoyada en la pared equivocada". Este término fue acuñado por Covey para aludir al hecho de muchos líderes que escalaron lo que ellos pensaban que era la escalera hacia el éxito y al llegar a la cumbre se dieron cuenta de que estaban escalando la pared equivocada. Es por eso, como se menciona en la frase anterior, que la administración tiene que ver con cuán eficientes somos en subir la escalera. Ahora bien, no nos dice nada acerca de si está apoyada en el lugar correcto; eso le corresponde al liderazgo. Podemos, consecuentemente, ser increíbles administradores y pésimos líderes de nosotros mismos.

Hay cuatro factores que es importante considerar a la hora de establecer las metas:

- **La conciencia**

Esta nos ayuda a asegurarnos de que nuestras metas estén relacionadas y guarden sintonía con nuestra misión y visión. Si esto no es así, ¿qué sentido tienen las mismas? ¿A qué fuerzas o presiones responden? Nuestra conciencia hace que cuando enunciamos nuestras metas estas no respondan a la urgencia, el espejo social, las presiones o expectativas de los demás u otros factores ajenos a nuestra misión o visión.

Cada meta que establezcamos ha de estar sintonizada y debe emanar de nuestra misión y visión. Tres preguntas simples pueden ayudarnos en este sentido:

- ¿Qué quiero conseguir?
- ¿Por qué quiero conseguirlo? Es decir, ¿qué me mueve a desearlo? ¿Deriva de mi misión y visión? ¿Me permite hacer contribuciones a través de mis roles?
- ¿Cómo lo voy a conseguir?

- **El conocimiento de uno mismo**

Implica una profunda honestidad personal. Este conocimiento nace cuando nos hacemos y respondemos las preguntas difíciles:

- ¿En verdad deseo hacerlo?

- ¿Estoy realmente dispuesto a pagar el precio?
- ¿Poseo la suficiente fuerza para lograrlo?
- ¿Acepto responsabilidad sobre mi propia vida?
- ¿Me voy a conformar con la mediocridad?

El conocimiento de uno mismo nos urge a comenzar desde donde estamos, sin excusas, pero tampoco sin falsas ilusiones, y nos ayuda a fijar metas realistas.

En ocasiones, una buena parte de nuestra frustración deriva de las expectativas no satisfechas. Por lo tanto, establecer metas realistas fruto de un buen autoconocimiento contribuirá a nuestra paz y tranquilidad.

- **La imaginación creativa**

Esta nos permite generar realidades alternativas, visualizar posibilidades y maneras creativas que podemos poner en marcha para llevarlas a cabo.

Una vez que hemos identificado nuestra misión y desarrollado nuestra visión podemos aplicar la imaginación creativa y visualizarnos a nosotros mismos viviéndola.

La imaginación nos ayudará a poder afrontar el cansancio, la frustración y el desánimo cuando aparezcan.

Covey lo expresa diciendo que: "Debemos vivir de la imaginación, no de la memoria".

- **La voluntad**

Es la fuerza que nos permite elegir nuestro objetivo y llevarlo a cabo.

> "La diferencia entre una persona de éxito y los demás no es ni la falta de fortaleza, ni la falta de conocimiento, sino la falta de voluntad". -Steve Covey

Implica, necesariamente, ir a contracorriente. Cuando decidimos vivir conforme a nuestra misión tomamos la decisión de ir contra el ambiente, las presiones, la urgencia y nuestros propios hábitos y conductas profundamente arraigados.

Se trata de actuar en lugar de que actúen sobre nosotros.

Las metas siempre deben estar en el contexto de nuestra misión y visión. Todas ellas, las de largo, mediano y corto plazo han de encuadrarse en ese contexto.

Hay que saber diferenciar entre una buena intención, un deseo, una inquietud y una auténtica y genuina meta. Michael Hyatt, creador del curso *Your best year ever*, ha hecho una variación en el típico modelo SMART de enunciado de metas. Ha desarrollado el modelo SMARTER y te sugiero que lo uses para dar forma a tus metas. A continuación, encontrarás una adaptación de su explicación del acróstico.

eSpecíficas

El enfoque es poder. Puedes conducir la misma cantidad de agua a través de dos tuberías y crear una mayor fuerza en una de ellas con solo reducir su diámetro. Eso es lo que sucede cuando reducimos nuestras metas. Cuanto más específicas sean, más probabilidades habrá de que involucren nuestro enfoque, ingenio y persistencia. Los objetivos vagos no nos inspiran, pero los objetivos específicos crean un canal para nuestra creatividad y esfuerzo. Todo lo que necesitas es identificar con precisión lo que deseas lograr.

Por ejemplo, "Aprender fotografía". ¿Es eso específico? No. La fotografía es un campo enorme. Tienes que reducirlo. "Completar el curso Fundamentos de la fotografía, de John Greengo". ¡Eso sí es específico! Vamos a trasladarlo al campo de seguir a Jesús. "Parecerme más a Jesús" ¿Es específico? Tampoco lo es. Sin embargo, "Perdonar y pedir perdón a las personas con las que tengo asuntos pendientes". Bastante diferente.

Medibles

Esto es importante por dos razones. Primero, sin algún tipo de medición, ¿cómo puedes saber si has logrado tu objetivo? No es muy útil ni inspirador decir que quieres ganar más dinero este año que el pasado. ¿Cuánto más quieres ganar? Existe una gran diferencia entre ajustarlo al aumento del coste de la vida o aumentar mis ingresos un 30%. Al hacer que un objetivo sea medible estableces los criterios para el éxito.

En segundo lugar, mantener tus objetivos medibles te permite realizar un seguimiento del progreso. Un objetivo medible permite establecer hitos a lo largo del camino y, sinceramente, la mitad de la diversión está en el progreso que hacemos. "Experimentamos la respuesta emocional positiva más fuerte cuando progresamos en nuestras metas más difíciles", dice el profesor de psicología Timothy Pychyl. La única forma de saber que estás progresando es comparándote con el objetivo. Esto es especialmente importante cuando se trata de objetivos complejos con varios hitos.

Por ejemplo, "pasar más tiempo leyendo la Palabra" es muy diferente a decir "para finales del próximo trimestre estaré leyendo la Biblia cinco veces por semana un mínimo de quince minutos".

Accionables

Los objetivos se refieren fundamentalmente a lo que vas a hacer. Por lo tanto, al formular tus objetivos, es importante tener clara la acción principal. La forma más fácil de hacer esto es usar un verbo potente para describir e impulsar la acción específica que deseas realizar. No quieres algo como soy, o ser, o tener. Quieres un verbo como correr, terminar o eliminar.

Un par de ejemplos: "ser más constante al ahorrar". ¿Eso es accionable? No. Ese es el verbo de estado ser. Pero algo como "depositar el 10 por ciento de cada nómina en mi cuenta de ahorros" es accionable. Comienza con el verbo depositar y es claro y directo sobre lo que se supone que debes hacer. Veamos un ejemplo del ámbito cristiano: "tener más compañerismo con otros cristianos" frente a "oarticipar en un grupo pequeño de estudio bíblico cada semana".

Riesgosas

Normalmente hablamos de establecer metas que son realistas. Eso es a lo que la "R" en el modelo SMART generalmente hace referencia. Pero si empezamos preguntándonos lo que es realista es probable que también pongamos el listón muy bajo. Cuando nos enfocamos en lo que supuestamente es alcanzable, podemos activar accidentalmente nuestro deseo de evitar el fracaso. Entonces terminamos logrando menos de lo que podríamos haber conseguido. Después de observar los resultados de casi cuatrocientos estudios, los teóricos de las metas Edwin Locke y Gary Latham concluyeron: "El desempeño de los participantes con las metas más altas fue más de 250% más alto que aquellos con las metas más fáciles".

Todos tenemos sueños de un futuro mejor. Sin embargo, nuestras aspiraciones pueden parecer demasiado frágiles y lejanas, pero empezamos a preocuparnos por cómo las vamos a lograr y rebajamos nuestras aspiraciones. Si queremos algo mejor, tenemos que reconocer que la incomodidad es un catalizador del crecimiento. Nos obliga a esforzarnos, a cambiar y a adaptarnos. Los objetivos deben situarse en algún lugar fuera de la zona de confort. Si sabemos exactamente cómo lograr la meta, probablemente no sea lo suficientemente grande. Si ya tenemos todos los recursos económicos y emocionales necesarios, probablemente no sea lo suficientemente desafiante. Si realmente queremos ganar, tenemos que ir más allá del impulso natural de ir a lo seguro.

Podemos preguntarnos: "¿Cómo saber si estamos llegando lo suficientemente lejos?". Una señal es cuando empezamos a sentir emociones que normalmente consideramos negativas: miedo, incertidumbre y duda. El truco está en establecer metas que sean desafiantes y no simplemente una locura. Existe una diferencia entre la incomodidad y la ilusión. Todos podemos entrar en la zona delirante si no tenemos cuidado. Las metas en la zona de malestar nos desafían y motivan nuestro mejor desempeño. Aquellas en la zona delirante invitan a la derrota y simplemente nos dejan frustrados y desanimados.

¿Cómo podemos saber si estamos entrando en la zona delirante? La experiencia de la vida ayuda. También lo es hablar con nuestro cónyuge o alguien cercano a nosotros que nos conozca lo suficiente. Otras personas suelen ser mejores que nosotros para identificar nuestros puntos ciegos. Lo principal es salir de la zona de confort. Ahí es donde experimentaremos el crecimiento que deseamos, las soluciones que necesitamos y la satisfacción que deseamos.

Ejemplo: "Comenzar mi propio negocio". "Lanzar el ministerio de obra social en mi iglesia local".

Temporizadas

Es de ayuda dividir las metas en dos categorías amplias: metas de logro y metas de hábitos. Las metas de logro se centran en logros únicos. Podría ser pagar tus tarjetas de crédito, mejorar tu nivel personal para una media maratón o terminar de escribir tu primera novela. Los plazos son esenciales para todos los objetivos de logro. Impulsan la acción.

Una meta sin una fecha límite establecida carece de sentido de urgencia o dirección. "Aumentar los ingresos por ventas en un 20%" casi no tiene sentido sin una fecha límite. Podría suceder en cualquier momento durante los próximos diez años. Agregar una fecha límite crea enfoque: "Aumentar los ingresos por ventas en un 20% al cierre del segundo trimestre". Cuando se cumpla la fecha límite, sabrás si has logrado el objetivo o no.

Esta es una oportunidad fácil para saltar de manera intencional a nuestra zona de incomodidad. Puede ser mejor, más cómodo, asignar fechas límite distantes. Pero los plazos lejanos desalientan la acción. Pensaremos: "Tengo tanto tiempo. El plazo no vence hasta dentro de diez o doce meses".

El esfuerzo se disipa a medida que se expande el tiempo. Pero lo contrario también es cierto. Horizontes cortos concentran nuestro esfuerzo. Cuanto más ajustada sea la fecha límite, más concentrados y productivos podremos ser. Un estudio de Locke y Latham descubrió que los trabajadores en un experimento de campo pudieron mantener la producción al 100% incluso cuando su tiempo se redujo en un 40%. La nueva fecha límite generó enormes ganancias en productividad. Y podemos experimentar ganancias similares en nuestra vida profesional y privada cuando establecemos metas a corto plazo, dejando más margen para otras actividades.

Ejemplo: "Antes de que finalice el presente año habré cursado los estudios del Pentateuco en la Academia de la Biblia".

Es un poco diferente cuando se trata de objetivos de hábitos. En lugar de logros únicos, los objetivos de hábitos implican una actividad regular y continua. Pensemos en una práctica diaria de oración, una cita mensual para tomar un café con un amigo o caminar todos los días después del almuerzo. No hay una fecha límite firme porque no estamos tratando de lograr una sola cosa. Estamos intentando mantener una práctica. Pero las características del tiempo siguen siendo esenciales. Los objetivos de hábito más eficaces utilizan varias, que incluyen:

- **Fecha de inicio:** cuándo tenemos la intención de comenzar a instalar nuestro nuevo hábito.

- **Frecuencia:** es la periodicidad con la que planeamos realizar la acción.

- **El tiempo de activación:** en qué hora del día queremos realizar la acción. Eso es importante, porque un momento específico hace que sea más fácil ser constantes.

Henry Cloud, en su libro *Límites para líderes*, dice lo siguiente respecto a este punto:

Las investigaciones de la psicología social han demostrado que cuando las personas le asignan un momento y un lugar concretos a la realización de tareas y metas específicas, sus posibilidades de éxito aumentan hasta en un 300%... Sencillamente, así es como funciona el cerebro. Estructura, estabilidad, seguridad, rutina y previsibilidad: todas estas cosas son necesarias para que nuestro cerebro funcione a sus niveles más elevados.

Ejemplo: "Comenzando el día primero del próximo mes, leeré la Biblia cada día por quince minutos durante el tiempo del desayuno".

Emocionantes

Los investigadores dicen que tenemos más posibilidades de alcanzar nuestros objetivos si estamos motivados internamente para hacerlo. Las motivaciones externas pueden funcionar por un tiempo, pero si no obtenemos algo intrínseco del objetivo perderemos el interés.

El problema es que la mayoría de nosotros establece metas que creemos que son buenas para nosotros. Y, si realmente somos honestos, a menudo establecemos metas que otras personas creen que son buenas para nosotros: cónyuges, amigos, jefes, etc. El truco consiste en establecer metas que no solo sean importantes a nivel personal, sino también inspiradoras.

"Si deseas tener éxito con tus objetivos de crecimiento profesional, elige una o dos áreas clave de enfoque que se alineen con lo que realmente te importa (misión y visión)", dice la coach de gestión del tiempo Elizabeth Grace Saunders. Si no encontramos nuestras metas personalmente convincentes, no tendremos la motivación para seguir adelante cuando las cosas se pongan difíciles o tediosas. Aquí es donde tenemos que ser honestos con nosotros mismos. Hemos de preguntarnos: ¿me inspira este objetivo? ¿Compromete mi corazón? ¿Estoy dispuesto a trabajar duro para que esto suceda?

Ejemplo: "Voy a terminar mis estudios de educador social antes de finales del próximo año para así poder dirigir de forma más profesional el ministerio de obra social que he comenzado en la iglesia".

Relevantes

Si vamos a tener éxito necesitamos metas que se alineen con las demandas y necesidades legítimas de nuestras vidas. Este atributo aparece al final de la lista porque es una buena manera de verificar nuestros objetivos antes de comprometernos con ellos. Todos podemos tropezar con este punto si no tenemos cuidado. ¿Somos padres que tenemos hijos pequeños en edad preescolar o escolar? Nuestras metas se verán muy diferentes a las de un estudiante universitario o un matrimonio con el nido vacío. Dependiendo de nuestras circunstancias, ir a la universidad a estudiar medicina no sería la mejor meta en este momento. Y dedicarnos a un nuevo pasatiempo que nos ocupe todo el tiempo del fin de semana podría ejercer una presión no deseada en la familia. Debemos establecer metas que sean relevantes para nuestras circunstancias e intereses reales.

También necesitamos metas que se alineen con nuestros valores. Esto debería ser obvio, pero ya hemos visto que a veces cedemos a la presión externa y establecemos metas que van en contra de lo que somos. La presión puede ser social, profesional o lo que sea. Pero debemos resistir la tentación de adaptar nuestro desempeño para satisfacer a los demás, especialmente si de alguna manera va en contra de nuestros valores. Tienes que establecer el tipo correcto de metas que funcionen con quién eres y qué te importa.

Finalmente, necesitamos metas que se alineen entre sí. Tienen que ser relevantes en su conjunto. Establecer múltiples objetivos en conflicto solo creará fricción y frustración. Si trabajamos contra nosotros mismos experimentaremos más desgaste que progreso. Eso se aplica a establecer demasiados objetivos en general. No necesitamos un gran salto loco para aterrizar en la zona delirante. A veces podemos ir a la deriva con las demandas acumuladas de múltiples objetivos. Esto sucede cuando las personas planifican los principales plazos de forma simultánea o acumulan proyectos uno tras otro sin suficiente margen.

A veces, nuestras aspiraciones son mucho más grandes que nuestros calendarios. Lo principal a observar aquí es nuestro ancho de banda. Recomendamos establecer entre 8 y 12 metas al año. Y limitémonos a dos o tres plazos importantes por trimestre. Este enfoque trimestral ayuda al logro. Pero basta decir por ahora que el esfuerzo equilibrado es fundamental para el éxito. Sobrecargar la lista de objetivos socavará el enfoque junto con los resultados.

Unos ejemplos de lo que **NO** son metas:

- *Deseo mejorar mis competencias como coach.*
- *Deseo ser un mejor líder de mi equipo.*
- *Deseo ser un mejor discípulo de Jesús*
- *Deseo ser más santo*

Unos ejemplos de lo que **SÍ** son metas:

- *Para finales del año que viene habré terminado una maestría en coaching sistémico.*
- *Para finales del próximo año habré terminado mi licenciatura en teología.*
- *Antes de finales del próximo trimestre habré terminado la serie de devocionales sobre el libro de Jueces.*
- *Comenzando el lunes de la próxima semana haré, como mínimo, dos llamadas diarias en el tiempo del almuerzo a miembros de la iglesia para interesarme por su estado.*

Vamos a realizar un ejercicio en este mismo momento. En el recuadro que encontrarás a continuación escribe una meta que desees lograr en alguno de los roles que ya has identificado previamente y que te ayudará a moverte hacia el cumplimiento de tu visión.

Ahora, hazte las siguientes preguntas y contéstalas:

- ¿Hasta qué punto es **específica**? Es decir, concreta y claramente definida.
- ¿Hasta qué punto es **medible**? Es decir, que permite ver el progreso.
- ¿Hasta qué punto es **accionable**? Es decir, realista y basada en un buen conocimiento de ti mismo.
- ¿Hasta qué punto es **riesgosa**? Es decir, está más allá de tu zona de comodidad y seguridad.
- ¿Hasta qué punto es **temporizada**? Es decir, tiene fecha de comienzo, de final y frecuencia, si es el caso.
- ¿Hasta qué punto es **emocionante**? Es decir, te motiva, te produce entusiasmo, ganas de conseguirla al pensar en los beneficios.
- ¿Hasta qué punto es **relevante**? Es decir, importante para tu vida, y guarda relación con tu visión y misión.

Ahora ya tienes establecida una meta modelo. Hay que trabajar para conseguir que se haga realidad. Lo importante no es, únicamente, establecer buenas metas, sino conseguirlas, porque para eso las enunciamos.

A modo de ilustración, quiero hacer referencia a dos travesías mundialmente conocidas. La primera, es la famosa Ruta 66 que atraviesa buena parte de los Estados Unidos, desde Chicago en el este hasta Los Ángeles en el oeste. Imagínate qué visión es llegar a California en automóvil. Bien, no importa lo buen conductor que seas ni el buen coche que tengas, deberás hacerlo por etapas. Tendrás que estudiar cuidadosamente el itinerario y ver qué distancia puedes y quieres recorrer cada día. Cada etapa del viaje es una pequeña meta en sí misma, te provee motivación y ánimo para continuar adelante y te va acercando a la visión final: California.

La segunda travesía es similar a la primera, pero en España. Se trata del Camino de Santiago, que recorre el norte de España desde Canfranc y Roncesvalles, ambas en la frontera con Francia, hasta Santiago de Compostela, lugar donde según la tradición católica se encuentra la tumba del apóstol Santiago, casi en la orilla del océano Atlántico. Durante más de mil años peregrinos de todas partes de Europa han llevado a cabo este camino. Los ochocientos kilómetros que separan el comienzo del final no pueden realizarse caminando en un solo día. De hecho, dependiendo de la fortaleza del caminante, se calcula una media de treinta días para poder llevarlo a cabo, aproximadamente. Nuevamente, cada etapa es una meta intermedia generadora de motivación y fuerza para llegar a nuestra visión final: Santiago de Compostela.

Déjame, nuevamente, ponerte un ejemplo de mi vida personal. Vuelve por favor al gráfico de la página **136** para ver nuevamente mi visión para finales del año 2024.

En mi rol de coach (parte superior derecha) he enunciado lo que quiero que sea mi visión. Sin embargo, para que esta se haga realidad, debo establecer metas, es decir, los pasos que me llevarán desde donde estoy ahora hasta donde deseo llegar. En el gráfico que encontrarás a continuación podrás ver algunas de las metas establecidas para el año 2023 y 2024 para hacer realidad esa visión.

DESARROLLO MARCA PERSONAL

2023 > 2024

Para finales de febrero de 2023 estará terminado el estudio de mercado.

Para finales de junio de 2023 estará terminada la página web con las funciones básicas en marcha.

Para finales de septiembre de 2023 estarán en marcha las funciones avanzadas de la página web: venta de cursos en línea, venta de materiales en línea, concertación de citas de coaching en línea.

Comenzando en la primera semana de enero de 2023, me reuniré semanalmente con el consultor durante dos meses.

Para finales de enero tendremos determinado nuestro target.

Para la segunda semana del mes de febrero tendremos determinada nuestra propuesta de valor.

Para finales de enero de 2024 llevaremos a cabo una evaluación del rendimiento de la página web.

Para finales de marzo de 2024 implementaremos los cambios necesarios en la página web como consecuencia de la evaluación realizada en enero.

Para finales de junio de 2024 la página web estará totalmente operativa con todas sus funciones.

Como puedes observar, cada una de esas metas pueden a su vez ser divididas en metas más pequeñas, o pasos de bebé. En el gráfico aparecen sombreadas en gris. Lo que te he mostrado es tan solo un ejemplo. Para llevar a cabo tu misión puedes establecer tantas metas como consideres necesario; asimismo, estas pueden ser fragmentadas en tantos pasos de bebé como te sea de utilidad y ayuda.

Recobra la meta que enunciaste anteriormente. Escribe al menos cuatro etapas o metas intermedias (o pasos de bebé) que te ayudarán y te acercarán al logro de esta. Recuerda que al igual que la meta final, las intermedias o pasos prácticos deben reunir las características SMARTER (te recomiendo, veas el video "Baby Steps" de la película *What about Bob*, que te dará una imagen muy potente de lo que son las metas intermedias o pasos de bebé).

Mi meta SMARTER
Paso SMARTER
Paso SMARTER
Paso SMARTER
Paso SMARTER

TRANSICIÓN: LO QUE HEMOS VISTO Y LO QUE VAMOS A VER

Las metas son los pasos que nos llevarán al cumplimiento de la visión y, consecuentemente, con nuestra misión. Hemos descrito cuáles son las metas y cuál es su importancia. Hemos dedicado tiempo a identificar diferentes tipos de metas y cuáles han de ser los aspectos que hemos de considerar a la hora de enunciarlas o establecerlas. También hemos hablado de los pasos de bebé, esas metas intermedias que nos ayudarán a conseguir una meta determinada.

A continuación, y siguiendo con los pasos para desarrollar nuestro liderazgo personal, nos vamos a centrar en identificar las metas que queremos llevar a cabo el próximo año si deseamos que nuestra visión se convierta en realidad. Las trabajaremos por roles y por trimestres.

CAPÍTULO 12

PASO 6: ESTABLECE METAS PARA CADA ROL PARA EL PRÓXIMO AÑO

"LO QUE CONSIGUES AL ALCANZAR TUS METAS NO ES TAN IMPORTANTE COMO AQUELLO EN QUE TE CONVIERTES AL ALCANZARLAS". -ZIG ZIGLAR

Michael Hyatt y otros autores recomiendan no establecer demasiadas metas para el año. Recuerda el viejo dicho español: "Quien mucho abarca, poco aprieta". A más metas, menos enfoque. Por esta razón, el siguiente paso consistirá en identificar una meta significativa para cada rol que deseas alcanzar el próximo año. Escríbelas en el espacio provisto a continuación y recuerda que deben ser SMARTER.

A MÁS METAS, MENOS ENFOQUE.

METAS PARA EL PRÓXIMO AÑO EN CADA UNO DE LOS ROLES

ROL	METAS PARA FINALES DEL 20...
Personal Físico	
Personal Intelectual	
Personal Emocional	
Personal Espiritual	
Personal Social	
Familiar Esposo	
Familiar Padre	
Familiar Hijo	
Familiar Hermano	
Familiar Otros	
Rol 1	
Rol 2	
Rol 3	
Rol 4	
Rol 5	

¡Perfecto! Buen trabajo. Solamente vuelvo a recordarte que todas las metas han de ser SMARTER. Por favor, asegúrate de que así sea. ¿Cuál es el siguiente paso? Volvamos al Camino de Santiago y a la Ruta 66. Debes establecer una etapa trimestral que, al cumplirla, te acercará a tu meta para el año. Por lo tanto, divide cada una de las metas en cuatro pasos de bebé o etapas que te ayudarán de muchas maneras:

- Experimentar progreso hacia la meta final.
- Poder evaluar qué estás haciendo bien, qué deberías mejorar y qué deberías hacer diferente.
- Proveer motivación para poder continuar hacia la meta final.
- Darte cuenta de que el esfuerzo vale la pena.

A continuación tienes una tabla que puede ayudarte para que puedas establecer esos pasos de bebé o etapas para cada una de las metas que previamente has escrito.

METAS POR TRIMESTRE

ROL escribir meta SMARTER	TRIMESTRE 1	TRIMESTRE 2	TRIMESTRE 3	TRIMESTRE 4
Personal				
Familiar				
Rol 1				
Rol 2				
Rol 3				
Rol 4				

TRANSICIÓN: LO QUE HEMOS VISTO Y LO QUE VAMOS A VER

Este paso ha sido sencillo. Teniendo en mente tu visión para cada uno de tus roles, debías identificar una meta para cada uno de ellos. Posteriormente, pensando en los pasos de bebé que ya hemos mencionado, debías identificar uno para cada trimestre.

Seguidamente, y siguiendo con los pasos para desarrollar nuestro liderazgo personal, vamos a utilizar la semana como unidad de trabajo para realizar todo lo que hemos estado desarrollando hasta aquí. Explicaremos el porqué de utilizar la semana y diseñaremos tu semana modelo ideal.

CAPÍTULO 13

PASO 7: DISEÑA UNA SEMANA MODELO

"UN DÍA DE PREOCUPACIÓN ES MÁS AGOTADOR QUE UNA SEMANA DE TRABAJO". –JOHN LUBBOCK

El siguiente paso es asegurarnos de que en nuestra semana haya un tiempo asignado para cada uno de nuestros roles. Si hemos de prestar atención primero a lo primero, entonces nos hemos de asegurar de que en nuestra semana bloqueamos espacios para cada uno de nuestros roles, puesto que es a través de ellos que llevamos a cabo nuestra visión y nuestra misión.

Como de costumbre, voy a incluir, siempre a modo de ejemplo, mi semana modelo. En ella verás cómo cada uno de mis roles tiene asignado –y bloqueado– un espacio de tiempo semanal.

LUN	MAR	MIÉR	JUE	VIE	SÁB	DOM
Tiempo personal	E625	Coach	Formador	Coach	Formador	Pastor
					Familia	

COMIDA						
Coach	E625	Coach	Formador	Formador	Familia	Familia

CENA						
						Agenda

LA SEMANA ES NUESTRA UNIDAD DE TRABAJO

Esto nos permite tener más perspectiva, ya que si nos enfocamos únicamente en el día como unidad de trabajo tendremos la tendencia a responder a lo inmediato, lo apremiante, lo próximo y lo urgente (te recomiendo que visualices el video "Planificación semanal", de Stephen Covey, en el que él mismo explica magistralmente el valor de la semana y su importancia).

SI NOS ENFOCAMOS ÚNICAMENTE EN EL DÍA COMO UNIDAD DE TRABAJO TENDREMOS LA TENDENCIA A RESPONDER A LO INMEDIATO

Sin embargo, tampoco podemos centrarnos con exclusividad en el mediano y largo plazo. Si no trasladamos la visión a la acción perderemos contacto con la realidad, nos convertiremos en soñadores idealistas y perderemos credibilidad a nuestros ojos y a los de los demás.

La ventaja de la semana es que nos permite unir ambas perspectivas:

VISIÓN CERCANA
perspectiva diaria

>

VISIÓN A LARGO PLAZO
importancia a largo plazo

Vivimos por semanas; estas constituyen un fragmento completo de tiempo en nuestras vidas.

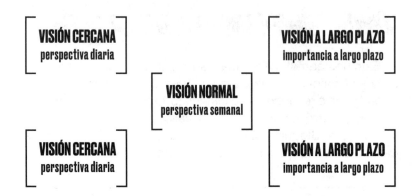

Está lo suficientemente cerca como para ser muy importante, pero al mismo tiempo lo suficientemente lejos como para darnos contexto y perspectiva.

Tres perspectivas operativas de la semana

La primera es la **renovación equilibrada**. La semana incluye periodos de descanso. Es el concepto bíblico del "Sabbath", de la necesidad de reposar para renovar las fuerzas físicas, mentales, emocionales y espirituales. Es un espacio para la recreación, entendiendo esta como la necesidad y la oportunidad de generar nuevas fuerzas, energías, ilusión, para así poder seguir adelante. El concepto de la semana, con su ritmo de trabajo y descanso, es tremendamente bíblico. Hemos de recordar que en el libro de Génesis es el mismo Dios quien establece esa cadencia semanal. También, en el libro de Éxodo capítulo 20 observamos que el mandamiento de guardar el día de descanso es el más extenso de todos ellos:

Acuérdate de observar el día de reposo, es decir, el sábado, como día santo. Seis días de la semana son para los quehaceres cotidianos y el trabajo regular. Pero el séptimo día es día de reposo delante del Señor tu Dios. Ese día no harán trabajo de ninguna clase tú, ni tu hijo, ni tu hija, ni tus esclavos, ni tus huéspedes, ni tus animales, porque en seis días hizo el Señor los cielos, la tierra, el mar y todo lo que en ellos hay, y reposó el séptimo día. Por eso bendijo el día de reposo y lo santificó. (Éxodo 20:8-11)

Es curioso que el mandamiento bíblico no sea trabajar, sino más bien descansar. Una vez más la Escritura, conocedora de la realidad del ser humano caído, nos previene sobre dónde podríamos hundirnos.

La segunda es **el todo – las partes – el todo**. La semana nos da, como vimos anteriormente, la oportunidad y la posibilidad de unir la perspectiva del largo y el corto plazo.

La tercera es el **contenido en el contexto**. Cuando nos organizamos semanalmente podemos insertar el contenido –nuestras actividades– en el contexto de lo que es importante para nuestras vidas, nuestra visión y nuestra misión. Nos permite generar un importante marco de referencia, puesto que hemos establecido y bloqueado espacios en la misma para asegurarnos de que lo primero es realmente lo primero durante los próximos siete días de nuestra vida.

Cuando la urgencia nos empuje, los estados de ánimo nos retraigan o las oportunidades inesperadas nos llamen, contaremos con algo sólido –nuestra semana– contra lo cual sopesar el valor o la oportunidad de cambiar. Podremos colocar el contenido en un contexto.

DISEÑA TU SEMANA MODELO EN EL ESPACIO PROVISTO

Soy consciente de que mi semana modelo es única y singular, y refleja únicamente mi realidad. La he compartido para que sirva de inspiración; es descriptiva pero no prescriptiva. En la misma están reflejados todos mis roles; cada uno tiene espacio en la misma. Ahora, siguiendo el ejemplo y los principios explicados, tú debes de diseñar tu propia semana.

LUN	MAR	MIÉR	JUE	VIE	SÁB	DOM
COMIDA						
CENA						

AYUDA ADICIONAL PARA TU SEMANA

Me gustaría compartir contigo algunos recursos adicionales que pueden serte de ayuda a la hora de diseñar tu semana de trabajo. Ya habrás visto en mis metas anuales que las mismas están distribuidas por trimestre, de modo que al principio de un trimestre dado tengo una perspectiva de cuáles son las cosas que deseo alcanzar en él. Siempre a la luz de mi misión y de mi visión.

Para mi organización personal utilizo una herramienta gratuita que se denomina Trello. Puedes acceder a ella en *www.trello.com*.

Paso 1

Personalmente me gusta trabajar con todo el mes como perspectiva. Antes de que el mismo comience dedico un tiempo para pensar de forma extensa todo lo que deseo llevar a cabo durante los treinta días que tengo por delante. Trato de ser lo más exhaustivo que me sea posible. Anoto absolutamente todo lo que viene a mi mente. Para ello utilizo esta guía:

MISIÓN » VISIÓN » ROLES » METAS » MES » SEMANA

Paso 2

Una vez completada la lista (es dinámica y siempre pueden añadirse o quitarse ítems) le asigno a cada tarea una etiqueta que identifica a qué rol pertenece esa tarea. Trello te permite usar colores para identificarlas mejor.

Paso 3

Ya sabemos lo que queremos hacer en un mes dado (PASO 1). Sin duda la vida nos traerá todo tipo de sorpresas, pero tratamos de anticiparnos para asegurarnos de que colocamos en nuestra agenda primero lo primero. Hemos distribuido toda esa carga de trabajo en los diferentes roles personales (PASO 2). En este paso decidimos qué vamos a llevar a cabo la próxima semana. Trello te permite pasar las tareas de una columna a otra con un simple clic.

Si observas, no comienzo el mes sin saber qué deseo hacer; tampoco la semana sin saber qué deseo alcanzar.

Paso 4

Recibe la denominación «Top 3 del día» y esto no me lleva más que un par de minutos. Esto no me lleva más de un par de minutos. Consiste en identificar, antes de que acabe el día, las tres cosas más importantes que yo deseo hacer el día siguiente. De ese modo, cuando el día comienza ya tengo identificadas mis tres prioridades claves para el mismo.

Anteriormente ya has trabajado tu semana modelo. Ya has determinado qué espacios vas a reservar para cada uno de los roles en tu semana modelo. Por tanto, lo último que te queda hacer es asignar en esos espacios que ya has reservado las actividades que corresponden a ese rol en esa semana.

Si sigues este proceso, comenzarás el mes bajo el paradigma de la brújula que, como ya mencionamos, nos habla de calidad y dirección. Tendrás mucho más control de tu mes y, naturalmente, de tu semana, por haber invertido tiempo en el cuadrante II pensando el mes con antelación. Ya he mencionado que, sin ninguna duda, surgirán urgencias e imprevistos que no fue posible anticipar. ¡Así es la vida! Pero tendrás la capacidad de organizarlos alrededor de tus prioridades. Puedo afirmar sin ningún tipo de exageración que, durante muchas semanas, antes de que la semana acabara, ya había llevado a cabo todo lo que me había propuesto hacer. El secreto consistió en poner primero lo primero.

TRANSICIÓN: LO QUE HEMOS VISTO Y LO QUE VAMOS A VER

Hemos visto por qué la semana es importante como unidad de trabajo para nuestro liderazgo personal. También has tenido la oportunidad de ver cómo yo organizo la mía, y diseñar tu semana modelo.

A continuación, y siguiendo con los pasos para desarrollar nuestro liderazgo personal, vamos a hablar acerca de la importancia de ser íntegros, es decir, de mantenernos fieles a las metas y prioridades que libremente hemos establecido, y no dejarnos llevar por las presiones de lo urgente o las expectativas de los demás.

CAPÍTULO 14

PASO 8: EJERCE INTEGRIDAD

> "LA CALIDAD DE LA VIDA DEPENDE DE LO QUE OCURRE EN EL ESPACIO DE TIEMPO ENTRE EL ESTÍMULO Y LA RESPUESTA". –AUTOR DESCONOCIDO

Hasta ahora hemos seguido un proceso que tiene sentido y que fluye de manera armoniosa.

MISIÓN » VISIÓN » VALORES » ROLES » METAS » SEMANA MODELO

Ahora, sin embargo, comienza tu viaje, y la gran pregunta es cómo responderás cuando las cosas no vayan como tú esperabas y pensabas. Cuál será tu reacción ante lo urgente, lo inesperado, lo súbito, la oportunidad, las presiones.

De hecho, la manera en que respondas a estas realidades que la vida, sin duda, te presentará determinará que logres o no tus metas y, consecuentemente, se cumpla tu visión y vivas haciendo realidad tu misión. Como afirma el dicho popular: "El papel lo aguanta todo". Todas las planificaciones son perfectas, hasta que se someten a la evaluación de la pura y dura realidad.

Cada día es diferente e inexplorado; es un territorio virgen. Las decisiones que tomemos ante lo inesperado pondrán de manifiesto, sacarán a la luz, la calidad de nuestra brújula interior.

LAS DECISIONES QUE TOMEMOS ANTE LO INESPERADO PONDRÁN DE MANIFIESTO LA CALIDAD DE NUESTRA BRÚJULA INTERIOR.

Cuando mis hijos eran pequeños, hablábamos de que existen dos tipos de personas. Las brújulas y las veletas. Las primeras siempre marcan el norte, lo tienen claro y hacia allá se dirigen. Es cierto que puede haber una cierta oscilación en la aguja, pero al final siempre el norte se impone con claridad. Las segundas, las veletas, van hacia donde el viento las lleva. Oscilan de un lugar a otro, en función de las fuerzas y las presiones que reciben. En definitiva, nuestras decisiones mostrarán qué tipo de persona somos en última instancia.

EL MOMENTO DE LA DECISIÓN

Es el momento de la verdad. Se pondrá a prueba nuestro carácter, fortaleza y facultades. A la hora de elegir, hay toda una serie de factores que influyen en nosotros:

- La urgencia
- El espejo social, es decir, lo que es agradable y popular
- Las expectativas de los demás
- Nuestros valores profundos (lo que es importante para nosotros a largo plazo)
- Nuestros valores operacionales (lo que deseamos a corto plazo)

- Nuestro conocimiento de nosotros mismos
- Nuestra conciencia
- Nuestras necesidades
- Nuestros deseos

En ocasiones respondemos de forma automática a uno o varios de estos factores. Por eso, debemos decidir si tomaremos las decisiones guiados por nuestra conciencia o bien dejaremos que otros nos controlen por medio de sus expectativas, o permitiremos que sean las circunstancias las que dicten nuestra conducta.

La esencia de una vida centrada en principios consiste en el compromiso de escuchar lo que nos dicta nuestra conciencia en concordancia con nuestra visión y misión, porque de todos los factores que influyen a la hora de escoger, este es el único que apunta hacia nuestro verdadero norte.

DECIDIR EN BASE A LOS PRINCIPIOS

Debemos preguntarnos a nosotros mismos de forma intencional. A la hora de tomar decisiones necesitamos preguntar de forma honesta a nuestra conciencia. Hacerlo no por curiosidad, sino con el deseo de actuar en la dirección que esta nos indique.

Debemos escuchar sin excusas. Cuando oímos los primeros susurros de nuestra conciencia, podemos actuar de dos maneras:

- **De forma armoniosa con ella**. Esto nos proporcionará paz. Además, incrementará y fortalecerá nuestra orientación hacia el verdadero norte. Crecerá nuestra capacidad de reconocer esa voz interior, lo cual repercutirá en una mayor capacidad para discernir. Finalmente, aumentará nuestra efectividad personal.
- **De inmediato comenzar a racionalizar**. El resultado será un sentimiento de falta de armonía. Experimentaremos

tensión y justificaremos nuestra decisión, con demasiada frecuencia, sobre la base de factores externos tales como otras personas, las circunstancias, las presiones, etc.

Viktor Frankl lo expresa de manera magistral:

"Los que vivimos en los campos de concentración recordamos a los hombres que paseaban entre las casetas para brindar alivio a los demás y ofrecer su último pedazo de pan. Habrán sido pocos, pero ofrecían la prueba suficiente de que a un hombre se le puede quitar todo, salvo una cosa: la última de las libertades humanas, la elección de la actitud ante una determinada serie de circunstancias, la elección del propio comportamiento.

Y siempre se debía elegir algo. Cada día, cada hora, ofrecía la oportunidad de tomar una decisión, una decisión que determinaba si nos someteríamos o no a esas fuerzas que amenazaban robarnos nuestro ser, nuestra libertad interior; que determinaban si nos convertíamos o no en juguetes de las circunstancias".

TRANSICIÓN: LO QUE HEMOS VISTO Y LO QUE VAMOS A VER

Podemos tener claramente identificada nuestra misión, roles y valores; podemos haber enunciado una visión para cada rol y las metas que nos ayudarán a llegar desde donde estamos hasta donde queremos estar. Sin embargo, el punto clave será qué haremos cuando nos encontremos ante las presiones, los imprevistos, las urgencias y las expectativas de los demás. ¿Actuaremos según lo que libremente hemos decidido como nuestro itinerario de vida (en esto consiste la integridad) o, por el contrario, sucumbiremos?

A continuación, y siguiendo con los pasos para desarrollar nuestro liderazgo personal, vamos a hablar acerca de la importancia de tener procedimientos y tiempos asignados para evaluarlo.

CAPÍTULO 15

PASO 9: EVALÚA

"UNA VIDA NO REFLEXIONADA NO ES DIGNA DE SER VIVIDA". –SÓCRATES

Con la evaluación llegamos al noveno y último paso para nuestro liderazgo personal.

Esta frase del filósofo griego me ha acompañado durante muchos años de mi vida. El principio que transmite es la necesidad y la importancia de pararnos cada cierto tiempo para valorar cómo estamos viviendo, en qué dirección vamos y, si fuera preciso, qué cambios debemos poner en práctica para recuperar nuestro verdadero norte, alinearnos de nuevo con nuestra visión y misión.

Me encanta el significado de la palabra latina "reflexionar". Literalmente significa inclinarse hacia atrás a fin de poder ganar distancia y perspectiva. Aplicado a nuestra vida sería proveer espacios en los que, precisamente, podemos hacer eso: analizar, observar nuestra vida desde la distancia, para saber dónde estamos y hacia dónde nos estamos dirigiendo. Las Escrituras nos hablan de la importancia de pararnos y pensar:

"Enséñanos a contar bien nuestros días para que nuestro corazón se llene de sabiduría" (Salmos 90:12).

"Yo, que soy el Señor Todopoderoso, les digo: ¡Tengan mucho cuidado con lo que están haciendo!" (Hageo 1:5).

"Hay delante del hombre un camino que parece recto, pero termina en muerte" (Proverbios 16:25).

"REFLEXIONAR" LITERALMENTE SIGNIFICA INCLINARSE HACIA ATRÁS A FIN DE PODER GANAR DISTANCIA Y PERSPECTIVA.

Este proceso de reflexión es algo que debe hacerse con frecuencia. Hacerlo de este modo nos permitirá detectar a tiempo si estamos escorados con respecto a nuestras metas y, por ende, a nuestra visión y misión. Si así fuera, podremos aplicar las rectificaciones necesarias y volvernos a orientar hacia nuestro norte. De no hacerlo, puede darse el caso que cuando seamos conscientes de haber escorado, ya sea demasiado tarde para rectificar el rumbo, y hayamos perdido la orientación y la dirección con relación a las metas, la visión y la misión. Cuanto menos reflexionemos y evaluemos, más peligro corremos de descarrilar —por usar una metáfora no marinera.

Personalmente, tengo la reflexión y la evaluación plenamente incorporadas a mi vida personal. Cada lunes en la mañana –salvo que esté viajando– tengo un tiempo personal en el que reflexiono y evalúo mi fidelidad a mi visión y misión. Es un tiempo tranquilo, calmado, de pensamiento, reflexión y meditación espiritual, en el cual examino mi vida en su totalidad. Este tiempo me provee de valiosa información para mi vida y para llevar a cabo las rectificaciones pertinentes si fuera necesario. También es un tiempo de gratitud y celebración por lo alcanzado y logrado.

De forma más ligera, cada noche tengo mi tiempo personal de reflexión y evaluación. Lo hago justo antes de dormir, ya en la cama. Tengo un pequeño ritual en el que comienzo repitiendo la frase de Sócrates; a continuación, reflexiono y evalúo el día que termina, cómo lo he vivido, qué he hecho bien, qué debo mejorar y qué quiero hacer diferente. En honor a la verdad, he de reconocer que no son pocas las ocasiones en que a mitad de ese proceso me quedo profundamente dormido. Ahora bien, el hábito está fuertemente arraigado en mi vida. La necesidad está presente.

Finalmente, una vez al año tomo un par de días para hacer una revisión más profunda de todo mi proyecto de vida. Reviso mi visión y mis metas, y hago los ajustes que sean pertinentes. Pero este tiempo no es únicamente pragmático en el sentido de centrarme en la visión y las metas; lo es también de observarme a mí mismo, a mi familia, mis relaciones, mi vida interior y mi relación con Dios.

Sigamos ahora con una imagen aeronáutica. Los aviones comerciales, después de cada vuelo, hacen una sencilla revisión, pero cada cierto tiempo entran en hangares, se desmontan totalmente, y se los revisa a fondo, pieza por pieza, componente por componente.

Mi consejo sería hacerlo dos o tres días cada año. Una mañana cada mes, un par de horas cada semana, y unos minutos cada día.

¿Cómo llevarlo a la práctica? Mi propuesta es muy sencilla. Te animo a que cada semana, antes de que comience la próxima –mi recomendación es hacerlo el domingo en la tarde, para asegurarnos de que comenzamos la nueva semana con total control de esta– puedas echarles un vistazo a tus roles y contestar a estas tres preguntas:

- ¿Qué estoy haciendo bien en este rol?
- ¿Qué necesito mejorar en este rol?
- ¿Qué quiero hacer diferente en la semana que comienza?

Puedes, si lo ves útil, seguir una plantilla como la que tienes a continuación. Puedes escribir en un diario o seguir cualquier otro método que te sea adecuado para conseguir el fin perseguido, es decir, reflexionar y evaluar.

Rol	Qué he hecho bien	Qué necesito mejorar	Qué quiero hacer diferente
Personal			
Familiar			
Rol 1			
Rol 2			
Rol 3			
Rol 4			

"Mientras vivas sigue aprendiendo a vivir". –Séneca

En un artículo titulado, *What to ask the person in the mirror,* publicado en la revista Harvard Business Review en el año 2007, Robert S. Kaplan escribe:

"He aprendido que una característica clave de los líderes altamente exitosos no es que siempre mantengan el rumbo, sino que han desarrollado técnicas que les permiten reconocer una situación que se deteriora y articular los medios para volver a recuperar la dirección correcta lo antes posible".

En el artículo antes citado, Kaplan recomienda siete áreas en las cuales los líderes deberían de evaluarse con cierta periodicidad. En el cuadro que aparece a continuación, extraído de dicho artículo, aparecen esas áreas y una pregunta clave para cada una de ellas.

Área	Pregunta
Visión y prioridades	¿Con cuánta frecuencia comunico la visión y las prioridades que nos permitirán alcanzarla?
Administración del tiempo	¿Concuerda con mis prioridades la forma en que invierto mi tiempo?
Retroalimentación	¿Doy a las personas bajo mi responsabilidad retroalimentación directa y en el tiempo adecuado para que puedan actuar en base a ella?
Planes de relevo	¿Tengo identificadas las personas que potencialmente podrían relevarme?
Evaluación y alineamiento	¿Estoy en sintonía con los cambios en el negocio que pueden requerir cambios en la forma en que lidero?
Liderar bajo presión	¿Cómo actúo cuando estoy bajo presión?
Fidelidad a mí mismo	¿Refleja mi estilo de liderazgo quién verdaderamente soy?

Soy consciente que, dependiendo de tu nivel de liderazgo, es muy posible que algunas de estas áreas no tengan aplicación en tu experiencia personal; sin embargo, el principio que deseo reflejar es el de la importancia de la evaluación continua y periódica. Aplica aquello que te sea útil, y olvídate del resto.

TRANSICIÓN: LO QUE HEMOS VISTO Y LO QUE VAMOS A VER

La evaluación es la acción intencional que nos permite ver si estamos caminando en la dirección correcta, alineados con nuestra misión, visión, valores y metas y, si es necesario, actuar sobre la información que la misma nos reporte. La evaluación debe hacerse de forma periódica y con diferente intensidad.

A continuación, encontrarás el material adicional mencionado en el capítulo sobre la misión. Trabajarlo te resultará de mucha utilidad para conocerte a ti mismo e incluso refinar tu misión.

MATERIAL ADICIONAL

MAPA DE VIDA

"ENSÉÑANOS A CONTAR BIEN NUESTROS DÍAS PARA QUE NUESTRO CORAZÓN SE LLENE DE SABIDURÍA" –LA BIBLIA

Un mapa de vida es una representación visual de tu vida, desde el nacimiento hasta el momento presente. Sirve para contestar las preguntas acerca de cómo eres, cuál es tu diseño innato y cuáles son las experiencias, eventos y personas que de forma significativa han contribuido a desarrollar la persona en que te has convertido. Es un ejercicio adicional que puede ayudarte, si lo deseas, a identificar tu misión. Con ese propósito está incluido aquí como un material complementario.

¿POR QUÉ HACER UN MAPA DE VIDA?

Steve Jobs dijo: "No puedes conectar los puntos de tu vida si miras hacia delante; solo puedes conectarlos si vuelves la vista hacia atrás". Observar los patrones en nuestra vida, aun lo más difíciles, puede ser una experiencia transformadora.

En ocasiones, a lo largo de la vida, acumulamos dolor, confusión, mentiras y creencias limitadoras que aceptamos. Cuando nos despojamos de ese lastre que nos estorba, estamos en mejores condiciones de enfocarnos hacia el futuro. Hay quienes desperdician las oportunidades del presente y no pueden encarar el futuro porque están anclados por los sucesos del pasado. El proceso de preparar y compartir un mapa de vida nos ayuda a replantearnos ese pasado.

Cuando compartimos nuestras historias y revivimos el pasado, podemos darle un nuevo significado a nuestro presente, y desarrollamos esperanza y visión para nuestro futuro. Asimismo, otros pueden celebrar con nosotros la historia de nuestras vidas.

En un artículo titulado *Discovering Your Authentic Leadership*, escrito por Bill George y otros autores y publicado por *Harvard Business Review*, leemos:

"La travesía hacia un liderazgo auténtico comienza con la comprensión de la historia de tu vida. La historia de tu vida provee el contexto para tus experiencias, y por medio de ellas puedes encontrar la inspiración para producir un impacto en el mundo... En otras palabras, es tu narrativa personal lo que cuenta, no los meros hechos de tu vida. La narrativa de tu vida es como un disco constantemente reproduciéndose en tu cabeza. Una y otra vez vuelves a revivir los eventos e interacciones personales que han sido importantes para tu vida, en un intento de darles sentido y encontrar tu lugar en el mundo.

Aunque las historias de vida de los líderes auténticos cubren todo el rango de experiencias –incluyendo el impacto positivo de padres, entrenadores deportivos, maestros y mentores–, muchos líderes indican que su motivación vino como resultado de una experiencia difícil en sus vidas. Describen el efecto transformador de la pérdida de un trabajo, una enfermedad personal, la muerte inesperada de un amigo cercano o pariente, y sentimientos de ser excluidos, discriminados y rechazados por sus iguales. En vez de verse a sí mismos como víctimas, los líderes fuertes y auténticos usaron esas experiencias formativas para darle sentido a sus vidas. Reenfocaron esos eventos para remontarse por encima de esos desafíos, y descubrir así su auténtica pasión por liderar".

¿CÓMO CREO UN MAPA DE VIDA?

Orientación

Conforme vas pensando acerca de tu vida, ¿cómo se vería tu mapa de vida? ¿Cuáles fueron tus experiencias formativas? ¿Qué personas han sido significativas? ¿Qué eventos? ¿Qué decisiones? ¿De qué forma has llegado hasta el lugar en el que estás hoy? ¿Cuáles de tus capacidades, dones, habilidades y talentos te han llevado hasta tu situación actual? ¿Qué caminos has usado para llegar? ¿Qué lugares y rostros fueron significativos a lo largo del camino? ¿Cuáles fueron las nuevas orientaciones? ¿Han sido giros equivocados? Todo esto es significativo, porque han sido los medios a través de los cuales se ha formado la persona que eres y se ha moldeado tu carácter.

Reflexión

Usa papel y lápiz, o tu computador, si lo prefieres, para comenzar a escribir el viaje de tu vida. De manera reflexiva, considera las personas, lugares, cosas, eventos y experiencias que te marcaron a lo largo del camino. Haz una lista. Usa las hojas adjuntas para ayudarte a comenzar y organizar tus pensamientos, acerca de las personas y momentos clave. Comienza con tu infancia en la primera página de la "Hoja de trabajo del mapa de vida", progresando en las páginas sucesivas a medida que vas trabajando las diferentes etapas de tu vida.

Herencia

¿Qué aspectos familiares o geográficos te influenciaron? ¿Por qué?

Figuras

¿Qué relaciones jugaron un papel importante en influenciar tu carácter y orientar tu camino (positiva o negativamente)? ¿Cómo lo hicieron? ¿Por qué?

Puntos altos

¿Qué experiencias realmente disfrutaste? ¿Qué es lo que hizo que las disfrutaras? ¿Qué hiciste bien? ¿Por qué?

Tiempos difíciles

¿Qué experiencias fueron especialmente difíciles o dolorosas? ¿Por qué?

Valores vitales

¿Qué valores vitales has desarrollado a lo largo de tu vida? ¿Cómo han cambiado o crecido con el tiempo? ¿Cuáles son tus valores centrales o nucleares?

Análisis

Una vez que has reflexionado acerca de tu vida y has hecho un primer acercamiento a tu herencia, héroes, puntos altos, tiempos difíciles y valores vitales, ha llegado el momento de decidir cuáles de ellos quieres colocar en tu mapa de vida. Aunque estaría bien incluirlos a todos, sería realmente imposible a efectos prácticos. También es cierto que hay ciertos aspectos de tu trayectoria vital que han jugado un papel mucho más significativo que otros.

Este es el momento en el que comienzas a enfocarte en unas pocas de las influencias o experiencias más significativas de tu vida, aquellas que fueron más formativas. Al decir "formativas" me refiero a aquellas que han tenido un impacto duradero en quién eres hoy. Reflexiona sobre todo lo que ubicaste en tu lista, y marca o subraya aquellas experiencias que fueron formativas.

Organización y síntesis

Ahora ya estás listo para organizar toda la información de forma que fluya lógicamente. ¿De qué modo todas esas personas, lugares, eventos y experiencias encajan? ¿Hay títulos que puedas usar para describir cada una de las etapas de tu vida? ¿Hay trazos comunes que fluyen a lo largo de toda tu vida? ¿Cómo los podrías expresar gráficamente? La organización es la clave para un buen mapa de vida. Asegúrate de que le dedicas suficiente tiempo, pensando en el fluir lógico de tu mapa y en las razones por las cuales has escogido la información que en el mismo aparece.

Las hojas que encontrarás a continuación solo tienen como propósito ayudarte a ordenar toda la información. Puedes ser tan creativo como desees para expresar tu mapa de vida. Una canción, una composición escrita, dibujos, etc. Cualquier cosa que te ayude a hacer fluir todos esos eventos, personas y situaciones que han contribuido a que seas quien eres.

MAPA DE VIDA - HOJA DE TRABAJO

Años/edad	0-5	5-10
Localización		
Herencia ¿Qué factores geográficos, étnicos o familiares influenciaron? ¿Cómo? ¿Por qué?		
Figuras ¿Qué relaciones jugaron un papel clave influenciándote positiva o negativamente?		
Puntos altos ¿Qué experiencias disfrutaste más? ¿Por qué? ¿Qué experiencias pusieron de manifiesto capacidades especiales?		
Tiempos difíciles ¿Qué experiencias fueron especialmente dolorosas? ¿Por qué? ¿Cómo te sentiste?		
Valores vitales ¿Qué valores desarrollaste a través de las etapas de tu vida?		

Años/edad	10–15	15–20
Localización		
Herencia ¿Qué factores geográficos, étnicos o familiares influenciaron? ¿Cómo? ¿Por qué?		
Figuras ¿Qué relaciones jugaron un papel clave influenciándote positiva o negativamente?		
Puntos altos ¿Qué experiencias disfrutaste más? ¿Por qué? ¿Qué experiencias pusieron de manifiesto capacidades especiales?		
Tiempos difíciles ¿Qué experiencias fueron especialmente dolorosas? ¿Por qué? ¿Cómo te sentiste?		
Valores vitales ¿Qué valores desarrollaste a través de las etapas de tu vida?		

Años/edad	20–25	25–30
Localización		
Herencia ¿Qué factores geográficos, étnicos o familiares influenciaron? ¿Cómo? ¿Por qué?		
Figuras ¿Qué relaciones jugaron un papel clave influenciándote positiva o negativamente?		
Puntos altos ¿Qué experiencias disfrutaste más? ¿Por qué? ¿Qué experiencias pusieron de manifiesto capacidades especiales?		
Tiempos difíciles ¿Qué experiencias fueron especialmente dolorosas? ¿Por qué? ¿Cómo te sentiste?		
Valores vitales ¿Qué valores desarrollaste a través de las etapas de tu vida?		

Años/edad	30–35	35–40
Localización		
Herencia ¿Qué factores geográficos, étnicos o familiares influenciaron? ¿Cómo? ¿Por qué?		
Figuras ¿Qué relaciones jugaron un papel clave influenciándote positiva o negativamente?		
Puntos altos ¿Qué experiencias disfrutaste más? ¿Por qué? ¿Qué experiencias pusieron de manifiesto capacidades especiales?		
Tiempos difíciles ¿Qué experiencias fueron especialmente dolorosas? ¿Por qué? ¿Cómo te sentiste?		
Valores vitales ¿Qué valores desarrollaste a través de las etapas de tu vida?		

Años/edad	40–45	45–50
Localización		
Herencia ¿Qué factores geográficos, étnicos o familiares influenciaron? ¿Cómo? ¿Por qué?		
Figuras ¿Qué relaciones jugaron un papel clave influenciándote positiva o negativamente?		
Puntos altos ¿Qué experiencias disfrutaste más? ¿Por qué? ¿Qué experiencias pusieron de manifiesto capacidades especiales?		
Tiempos difíciles ¿Qué experiencias fueron especialmente dolorosas? ¿Por qué? ¿Cómo te sentiste?		
Valores vitales ¿Qué valores desarrollaste a través de las etapas de tu vida?		

Años/edad	50–55	55–60
Localización		
Herencia ¿Qué factores geográficos, étnicos o familiares influenciaron? ¿Cómo? ¿Por qué?		
Figuras ¿Qué relaciones jugaron un papel clave influenciándote positiva o negativamente?		
Puntos altos ¿Qué experiencias disfrutaste más? ¿Por qué? ¿Qué experiencias pusieron de manifiesto capacidades especiales?		
Tiempos difíciles ¿Qué experiencias fueron especialmente dolorosas? ¿Por qué? ¿Cómo te sentiste?		
Valores vitales ¿Qué valores desarrollaste a través de las etapas de tu vida?		

BIBLIOGRAFÍA

A continuación encontrarás la lista de la mayoría de los recursos consultados para la elaboración de este libro.

–Allen, David. *Organízate con eficacia.* Empresa Activa.

–Blanchard, Ken. *Lidera como Jesús.* Editorial Máximo Potencial.

–Brown, Brené. *Dare to lead.* Random House, UK.

–Buford, Bob. *Halftime: Moving from success to significance.* Zondervan.

–Clear, James. *Hábitos atómicos.* Diana editorial.

–Cloud, Henry. *Límites para líderes.* Editorial Vida.

–Cooper, Cary L.; Flint–Taylor, Jill; Pearn, Michael. *Building resilience for success for managers and organizations.* Palgrave Macmillan.

–Covey, Stephen R. *El octavo hábito.* Paidós Plural.

–Covey, Stephen R. *Liderazgo basado en principios.* Paidós Plural.

–Covey, Stephen R. *Los siete hábitos de la gente altamente efectiva.* Paidós Plural.

–Covey, Stephen R. *Primero lo primero.* Paidós Plural.

–Duhigg, Charles. *The power of habit.* Penguin.

–Eurich, Tasha. *What self-awareness really is (and how to cultivate it).* Harvard Business Review.

–Frankl, Viktor. *El hombre en busca de sentido.* Herder.

–George, Bill. *Discover your true north.* J-B Warren Bennis Series.

–George, Bill. *Discover your authentic leadership.* Harvard Business Review.

–Goleman, Daniel; Boyatzis, Richard; McKee, Anie. *El líder resonante crea más.* Debolsillo.

–Guardini, Romano. *Las etapas de la vida.* Palabra.

Heifetz, Ronald; *Grashow,* Alexander; *Linsky,* Marty. *La práctica del liderazgo adaptativo.* Ediciones Paidós.

–Johansen, Bob. *Full-spectrum thinking.* Berrett–Koehler Publishers.

–Johansen, Bob. *Leaders make the future.* Berrett–Koehler Publishers.

–Kaplan, Robert S. *What to ask the person in the mirror.* Harvard Business Review.

–Kegan, Robert; Laskow, Lisa. *Immunity to change.* Harvard Business Review.

–Kirkpatrick, Doug. *The no-limits enterprise: Organizational self-management in the new world of work.* Forbes Books.

–Knoblauch, Jörg; Hüger, Johannes; Mockler, Marcus. *Where is your lighthouse?* Cyan Communications.

–Santos, Rafaela. *Levantarse y luchar: Cómo superar la adversidad con la resiliencia.* Conecta.

–Sheldon, Kennon. *Life goals and well-being: Toward a positive psychology of human striving.* Editorial desconocida.

–Scazzero, Peter. *El líder emocionalmente sano.* Editorial Vida.

–Webb, Keith E. *El modelo COACH para líderes cristianos.* Editorial Vida.

–Webb, Keith E.; Ortiz, Félix. *El modelo COACH para líderes juveniles.* Editorial Vida.

DESCUBRE EL NUEVO SITIO DEL INSTITUTO E625

Y lleva tu ministerio al siguiente nivel.

www.InstitutoE625.com

Escanéa el código para ver más

¡SUSCRIBE A TU MINISTERIO PARA DESCARGAR LOS MEJORES RECURSOS PARA EL DISCIPULADO DE LAS NUEVAS GENERACIONES!

Lecciones, bosquejos, libros, revistas,
videos, investigaciones y mucho más

e625.com/premium

ZONA DE CONTENIDO
PREMIUM

Suscripción de **materiales premium** para iglesias

Recursos gratis

Tienda con envíos internacionales

Chat en tiempo real

Revista Líder 6.25

INSTITUTO **e6 25**

Educación online **www.institutoe625.com**

Libros Online

Seminarios para iglesias locales

Eventos de **actualización** ministerial

e625.com
TE AYUDA
TODO EL AÑO